Gabriele Oest
Miteinander stark sein

Gabriele Oest

MITEINANDER STARK SEIN

Psychoonkologie aus
der Sicht einer Seelsorgerin

Bibliografische Information der Deutschen Nationalbibliothek:
Die Deutsche Nationalbibliothek verzeichnet diese Publikation in der
Deutschen Nationalbibliografie; detaillierte bibliografische Daten sind
im Internet über http://dnb.dnb.de abrufbar.

Satz, Umschlaggestaltung, Herstellung und Verlag:
BoD – Books on Demand, Norderstedt

ISBN: 978-3-7597-1640-8

Für meine Patientinnen

VORWORT

In diesem Buch zeige ich, wie sich meine seelsorgerliche Begleitung für Patientinnen im onkologischen Bereich der Frauenklinik gestaltet hat. Anfangs waren es Wünsche und Anliegen von Patientinnen, Ärzten und Schwestern. Ein erstes Angebot war das Seminar „Schritt für Schritt". Im Laufe der Jahre wurde das Angebot größer und vielfältiger. Kreativität und Fantasie waren meinerseits gefragt, um vielen Patientinnen in ihrer Not zu helfen und sie in der Krankheitsbewältigung zu unterstützen. Wichtig war mir dabei stets, Gemeinschaft herzustellen, weil dadurch das Gefühl entsteht: Ich bin nicht allein. Wir alle können voneinander lernen und an unseren Kompetenzen wachsen. Noch heute habe ich Kontakte mit ehemaligen Patientinnen, die sich gerne erinnern und dankbar sind für das, was war. Viele Freundschaften sind untereinander entstanden.

Ich wünsche mir, dass dieses Buch eine Hilfe für onkologische Patientinnen und ihre Angehörigen wird und dass man erkennt, wie wichtig und hilfreich ein psychoonkologisches Konzept vonseiten der Seelsorge für ein onkologisches Zentrum im Krankenhaus ist.

INHALT

1. EINLEITUNG

„Geteiltes Leid ist halbes Leid", sagt der Volksmund. Wie zutreffend diese Aussage ist, habe ich in meinem Beruf als Seelsorgerin oft erfahren. Sich mitzuteilen, sich auszutauschen, gesehen zu werden, einander zu begegnen – all das gehört zu den Grundbedürfnissen eines jeden Menschen. Das gilt ganz besonders in Krisensituationen. Kleine und große Krisen gehören zum menschlichen Leben. Je nachdem, welche Bewältigungsstrategien im Leben erlernt worden sind und welche Ressourcen zur Verfügung stehen, fällt es dem einen leichter, dem anderen dagegen schwerer, Krisen zu bewältigen.

Als ich im Jahr 2002 im Brustzentrum in einer Frauenklinik in Hannover zu arbeiten begann, gehörte es zu meinen Aufgaben, Patientinnen im onkologischen Bereich zu begleiten. Schnell wurde deutlich, dass aufgrund der langen Therapiezeit und einer immer kürzer werdenden Liegezeit im Krankenhaus eine herkömmliche, seelsorgerliche Versorgung mit einigen Besuchen völlig unzureichend war. Die akut onkologisch betroffenen Patientinnen haben in der Regel eine Therapiezeit (OP, Chemotherapie, Bestrahlung, Anschlussheilbehandlung) von einem halben bis zu einem ganzen Jahr und darüber hinaus. Erschwerend kam hinzu, dass viele Untersuchungen und Therapien ambulant durchgeführt wurden, sodass ich viele Patientinnen nicht erreichte. Auch die Zahl der chronisch erkrankten Krebspatientinnen nahm im Laufe der Zeit erheblich zu.

Was also tun, um eine zuverlässige und unterstützende Begleitung anzubieten? Ich hörte mich um, tauschte mich mit vielen Mitarbeitenden aus und fragte Patientinnen, was sie sich an Unterstützung wünschen würden.

Zusammenfassend gaben sie folgende Wünsche an.

Informationen über

- gesunde Ernährung

- Sozialleistungen

- Achtsamkeit

- Austausch mit anderen Patientinnen

- Impulse zur Krankheitsbewältigung

- Tipps zum Thema Kosmetik

Mit einem Team von Mitarbeitenden startete ich bald darauf mit dem ersten Seminar „Schritt für Schritt". In der Zeit und in den Jahren danach kamen viele weitere unterschiedliche Angebote und Veranstaltungen hinzu.

Im vorliegenden Buch möchte ich Sie als Leserin und Leser mit auf den Weg nehmen und zeigen, wie hilfreich und vielfältig die Möglichkeiten einer psychoonkologischen Begleitung vonseiten der Seelsorge sein können.

Ich persönlich verstehe darunter alle Interventionen, die onkologischen Patienten helfen, ihre Erkrankung zu verarbeiten, zu bewältigen und ins eigene Leben zu integrieren.

Psychoonkologie hat insgesamt gesehen das Ziel, die Krankheitsverarbeitung zu unterstützen, die psychische Befindlichkeit zu verbessern, soziale Ressourcen zu stärken, Begleit- oder Folgeprobleme der medizinischen Diagnostik oder Therapie zu mindern sowie die Lebensqualität der Patienten und ihrer Angehörigen zu verbessern. In einem onkologischen Zentrum arbeiten deshalb Ärzte der verschiedenen Fachgebiete, Schwestern, Psychologen, Physiotherapeuten, Sozialarbeiter und Seelsorge eng zusammen.

Mich persönlich hat es in all den Jahren immer wieder sehr berührt, wenn ich gesehen habe, wie einsam, allein und verzweifelt viele Menschen in der Zeit der Krankheit sind. Nicht jeder hat eine Familie und Freunde, die unterstützend und helfend zur Seite stehen können. Hinzu kommt, dass Angehörige oftmals überfordert sind.

Im Vergleich zu vielen europäischen Ländern ist die diagnostische und medizinische Versorgung in Deutschland recht gut. In größeren Städten gibt es Krebsberatungsstellen, Selbsthilfegruppen und viele Psychotherapeuten, die sich auf onkologische Patienten spezialisiert haben. Nach meiner persönlichen Erfahrung ist das Angebot aber oftmals nicht ausreichend. Einerseits, weil die Wartezeit auf einen Therapieplatz oftmals ein halbes Jahr und länger beträgt. Andererseits braucht es geschützte

Räume, die die Betroffenen nach eigenem Bedarf aufsuchen können, wenn Ängste und Unruhe überhandnehmen. Sie brauchen Orte, wo sie menschliche Wärme und Nähe erfahren, wo Gespräche und Austausch mit anderen Betroffenen möglich sind und wo sie professionelle Unterstützung und Hilfe erhalten, wo Freundschaften entstehen und neue Perspektiven entwickelt werden können.

2. DIE DIAGNOSE BRUSTKREBS

Mit Diagnosebeginn „Krebs" verändert sich das Leben der Betroffenen von einem Moment zum anderen grundlegend. Manche Patientinnen beschreiben es als verheerendes Erdbeben oder als sei ein Tsunami über ihr Leben hinweggefegt. Das sind starke Bilder, die aber eindrücklich beschreiben, wie es Betroffenen geht, die die Diagnose Krebs erhalten. Von heute auf morgen ist alles anders. Das eigene Leben wird infrage gestellt, die Zukunft ist ungewiss und nicht mehr planbar. Die eigene Endlichkeit kommt in den Blick. Auch wenn wir alle wissen, dass wir sterblich sind, bekommt das Wissen im Angesicht einer schweren Erkrankung eine ganz andere Qualität. Es macht schlichtweg Angst! Viele Betroffene haben auch das Gefühl, vor einem dunklen tiefen Abgrund zu stehen, der sie zu verschlucken droht. Der bis dahin feste und tragfähige Boden droht unter ihren Füßen einfach wegzubrechen. In solch einer Krisensituation werden sich viele Betroffene selbst fremd und verstehen sich nicht mehr. Das liegt auch darin mitbegründet, dass die Erkrankung nicht kontrollierbar ist. Sie kann in jedem Alter und zu jeder Zeit unvermittelt auftreten und wiederkommen. Das Leben ist nicht mehr sicher. Die Betroffenen werden von vielen Fragen, Gedanken und Gefühlen überflutet. Die Folge ist ein emotionales Gefühlschaos: Angst, Panik, Ohnmacht, Hilflosigkeit,

Scham, Trauer, Wut, Hoffnung, Zuversicht und vieles mehr. Das „Gedankenkarussell" dreht sich zudem ohne Unterlass, insbesondere dann, wenn die Betroffenen des Nachts zur Ruhe kommen wollen. Um dieses innere Chaos zu bewältigen, suchen deshalb viele Betroffene nach Erklärungen, Ursachen und Lösungen. Je nach Persönlichkeit und erlernten Bewältigungsstrategien kann es z. B. zu folgenden Reaktionen kommen:

- dass Patientinnen oftmals über einen langen Zeitraum nicht über die Krankheit sprechen können

- dass sie sich verletzt zurückziehen und lieber allein für sich in der Stille weinen und alles mit sich selbst ausmachen wollen

- dass sie auf alles aggressiv reagieren, vor allem auf wohlgemeinte Ratschläge und Hilfsangebote

- dass sie sich selbst die Schuld geben, weil sie zu wenig auf sich achtgegeben haben und kräftemäßig über ihre Verhältnisse gelebt haben

- dass sie sehr aktiv werden, d. h. weitere Expertenmeinungen einholen, im Internet recherchieren und Fachbücher lesen, um sich selbst ein eigenes Urteil über die Krankheit und die bevorstehende Therapie machen zu können.

Viele Gedanken werden hin und her bewegt und bleiben unbeantwortet, wie z. B.: „Werde ich wieder gesund; vertrage ich die Chemotherapie, werde ich meine Kinder aufwachsen sehen; kann ich weiterarbeiten; behalte ich meinen Job; reicht das Geld; Frau F. hat das nicht geschafft." Hinter allem steht letztendlich die Angst, an dieser Erkrankung leiden und sterben zu müssen, hilflos und ohnmächtig dem Krebs ausgeliefert zu sein.

Hinzu kommt, dass sich die Betroffenen mit neuen Herausforderungen arrangieren müssen. Einerseits sind es die diagnostischen Untersuchungen und die sich daraus ergebenden Therapien im Krankenhaus. Andererseits müssen die Patientinnen zulassen, dass an ihnen gearbeitet wird und die eigene Schamgrenze von Fremden – auch wenn es zu den Aufgaben von Ärzten und Pflegepersonal gehört – überschritten wird. All das wird von vielen Patientinnen als verwirrend empfunden und es braucht Zeit, sich darin zurecht- und einzufinden, um das Unbegreifliche zu fassen. Wichtig in diesem Zusammenhang ist zu verstehen, dass alle Reaktionen normal sind und als eine Schutzreaktion der Seele verstanden werden können. Zu alledem kommen auch die körperlichen Veränderungen wie Narben und Hautveränderungen, der Verlust einer oder manchmal auch beider Brüste hinzu. Deshalb ist es wichtig, dass die Umgebung der Betroffenen viel Verständnis und Geduld aufbringt und dass sie auch einen Ort finden, der alle Sorgen und Nöte aufnimmt und Ruhe vermittelt.

Die Diagnose „Krebs"
verursacht ein emotionales Chaos

Wut, Ärger, Aggression

Trauer, Tränen, Depression

Ohnmacht, Hilflosigkeit, Verunsicherung

Panik, Angst, Verzweiflung, Kränkung

Schuld, Versagen, Scham,

Schmerz, Hoffnung, Zuversicht

3. DIE AUFGABEN DER SEELSORGE

Als Seelsorgerin im Krankenhaus bin ich immer wieder der Auffassung begegnet, „die Seelsorge ist für Sterbende da". Diese Meinung bestätigt sich dann noch darin, dass mich Patientinnen bei meinen Anfangsbesuchen als Seelsorgerin besorgt fragen: „Nun ist es also so weit? Man hat Sie geschickt, um mich langsam vorzubereiten?"

Ursprünglich ist es einmal die Aufgabe der Seelsorge gewesen, sich um Schwerstkranke und Sterbende zu kümmern und sie mit Sterbesakramenten, Abendmahl, Gebet und mit der Krankensegnung zu versorgen. In den letzten Jahrzehnten hat sich das Berufsbild des Seelsorgers jedoch deutlich verändert. Als Seelsorgerin bin ich heute für *alle* Menschen in einem Krankenhaus da. Dazu zählen: Patienten und ihre Angehörigen, Ärzte und Pflegepersonal und die unterschiedlichen Berufsgruppen, die in einem Krankenhaus arbeiten. Meine Aufgabe besteht darin, dass ich in „geschützten Räumen" Gespräche anbiete, in denen unterschiedliche Sorgen, Lebens- und Glaubensfragen zur Sprache kommen können. Das seelsorgerliche Gespräch ist ein Angebot, das angenommen bzw. abgelehnt werden kann und der Schweigepflicht unterliegt.

Die onkologischen Patientinnen finden auf ihren Stationen entsprechende Flyer mit Informationen über die verschiedenen Angebote der Seelsorge. Viele Patientinnen melden sich telefonisch bei mir, bitten um ein Gespräch oder um einen Besuch auf Station. Oder aber es kommen Anfragen von den Stationen bzw. von den behandelnden Ärzten. Als Seelsorgerin gehe ich regelmäßig über die Stationen in jedes Zimmer, stelle mich als Seelsorgerin vor, gehe von Bett zu Bett und lade zu einem Einzelgespräch ein, ebenso in der onkologischen Tagesklinik.

Einige Patientinnen lassen sich darauf ein, andere brauchen ein wenig Zeit, um sich mit dem Gedanken anzufreunden, andere wiederum lehnen ein Gespräch mit einem „Kirchenvertreter" rundum ab. Meist wird dann noch hinzugefügt: „Nichts gegen Sie, aber mit der Kirche habe ich es nicht so." Dahinter verbergen sich oft kränkende Erfahrungen, manchmal aber auch die Furcht, sich für einen Kirchenaustritt rechtfertigen zu müssen, oder aber der Gedanke: „Das steht mir nicht mehr zu." Das kann sich dann in der Äußerung zeigen: „Ich bin gar nicht in der Kirche."

Nicht selten passiert es, dass ich – nachdem ich alle Mitpatientinnen im Zimmer besucht habe – dann doch um ein Gespräch gebeten werde.

Wichtig bei allen Besuchen im Krankenhaus ist, dass der Bereich von Bett und Nachttisch als Privatsphäre des Patienten respektiert wird. Das bedeutet, ich stelle mich bei jeder Patientin mit Namen und Funktion vor, biete ein Gespräch an. Wenn die Patientin eingewilligt hat, frage ich, ob ich mir einen Stuhl holen darf und mich an ihr Bett setzen darf. Erst wenn dem zugestimmt worden ist, kann das Gespräch beginnen.

Es beginnt meist mit der Frage: „Wie geht es Ihnen?" Je nach der augenblicklichen Situation der Patientin wird entweder von der bevorstehenden bzw. von den Nachwirkungen der OP berichtet, wie der Krebs entdeckt worden ist, von der Ungewissheit bis hin zur schockierenden Gewissheit, vom Gefühlschaos und vieles mehr. In diesen ersten Gesprächen geht es darum, sich einmal alles von der Seele zu reden. Durch Zuhören und gezieltes Nachfragen meinerseits bekommt das Gespräch Struktur und die Patientin hat die Möglichkeit, ihre Gedanken zu sortieren. Ich bin immer wieder froh, wenn es gelingt, dass ich mit einer Patientin gut und vertrauensvoll ins Gespräch komme, auch wenn viele Tränen fließen und es sie innerlich aufwühlt. Bevor ich mich verabschiede, frage ich: „Wie geht es Ihnen jetzt?" Viele fühlen sich danach entlastet.

Nach meinen Erfahrungen ist es für viele Patientinnen oft das erste Mal, dass sie sich einer fremden Person anvertrauen und weinen. Das Zuhören und dass jemand sie bewusst in ihrer Traurigkeit wahrnimmt, wird wohltuend erlebt. Sie haben das Gefühl: Ich bin nicht allein und fühle mich verstanden.

Anschließend folgen drei Beispiele von seelsorgerlichen Gesprächen, die überall und zu jeder Zeit stattfinden könnten. Die Namen und Umstände sind verfremdet, sodass die seelsorgerliche Schweigepflicht gewahrt bleibt.

Gespräch 1

Am frühen Abend werde ich von der Station im Krankenhaus angerufen mit den Worten: „Wir brauchen eine Seelsorgerin."

Die Schwester am Telefon sagt: „Frau L. ist vollkommen aufgelöst. Sie sitzt auf dem Bett, weint ununterbrochen und morgen soll die linke Brust abgenommen werden. Ich weiß nicht, was ich tun soll. Sie lässt sich nicht beruhigen."

Eine halbe Stunde später bin ich bei Frau L. Ich stelle mich als Seelsorgerin der Klinik vor und frage sie, ob es für sie in Ordnung ist, wenn ich mich zu ihr setze. Sie nickt leicht. Nach einiger Zeit frage ich sie, ob sie mir erzählen möchte, was passiert ist.

Es vergehen einige Minuten. Frau L. richtet sich auf, trocknet ihre Tränen mit einem Taschentuch, schaut mich an und sagt: „Ich weiß auch nicht, was mit mir los ist. Bis jetzt habe ich ganz gut funktioniert, alles für die Kinder vorbereitet. Meine Eltern sind gekommen und bleiben für einige Tage und versorgen unsere drei Kinder. Mein Mann hat mich hier ins Krankenhaus gebracht und mir liebevoll alles Gute gewünscht. Aber als die Schwester vorhin ins Zimmer kam und mich für die OP vorbereiten wollte, da ist es um mich geschehen. Mir liefen nur die Tränen übers Gesicht."

Im weiteren Verlauf des Gesprächs erzählt Frau L., wie sie den Knoten in ihrer Brust selbst entdeckt hat, dass sie beim Arzt war, dass die Voruntersuchungen den Verdacht bestätigt haben, dass es Krebs ist. Sie könne es immer noch nicht fassen, aber der histologische Befund sei eindeutig.

Auf meine Frage, was ihr denn jetzt guttun würde, zuckt sie nur mit den Schultern. „Ich muss da wohl durch", sagt sie und schaut mich recht traurig an.

Ich nicke und schaue sie an, schließlich frage ich sie, wie sie denn sonst in ihrem Leben mit schwierigen Situationen umgegangen sei.

Sie antwortet, dass sie in ihrem Leben noch nie in eine solch schwierige Situation geraten sei. An einen Gott könne sie nicht glauben, obwohl sie konfirmiert worden sei, aber in der Welt gebe es so viel Leid und dass Gott dies alles zulasse, nein das könne sie nicht verstehen. An solch einen Gott zu glauben – unmöglich. (Ich lasse ihre Worte im Raum stehen und wir beide schweigen eine Weile lang.)

Dann frage ich intuitiv: „Frau L., könnten Sie sich denn vorstellen, dass ich Ihnen einen kleinen Bronzeengel mit auf den Weg gebe?"

Frau L. erinnert sich an ein Gebet aus ihrer Kinderzeit und zitiert es: „Lieber Gott, nun schlaf ich ein, schicke mir mein Engelein. Dass es treulich bei mir wacht, in der langen dunklen Nacht."

Ich lege Frau L. behutsam den Engel in ihre rechte Hand und umschließe sie und spreche ihr den Segenswunsch aus Psalm 91 zu: „Denn Gott hat seinen Engeln befohlen, dass sie dich behüten auf all deinen Wegen, dass sie dich auf den Händen tragen und du deinen Fuß nicht an einen Stein stoßest."*

Frau L. ist inzwischen ruhiger geworden. Ich wünsche ihr eine gute Nacht und alles Gute für die OP morgen und gebe ihr das Versprechen, sie wieder zu besuchen. Ein kleines Lächeln huscht über ihr Gesicht und sie sagt leise: „Danke."

---

*   Psalm 91,11.12 Lutherbibel, revidiert 1984, durchgesehene Ausgabe, © 1999 Deutsche Bibelgesellschaft, Stuttgart

Gespräch 2

Heute bin ich unterwegs auf den Stationen. Das bedeutet, dass ich durch die Patientenzimmer gehe, mich als Seelsorgerin vorstelle und zum Gespräch einlade. Wenn jemand nicht sprechen möchte, dann ist das auch in Ordnung und ich gehe weiter.

Ich betrete ein Zweibettzimmer, beide Frauen so um die 50 Jahre liegen im Bett und unterhalten sich lebhaft. Als ich eintrete, schauen sie mich erwartungsvoll an. Ich stelle mich vor und frage, wie es ihnen geht. Eine von ihnen sagt: „Nehmen Sie sich doch bitte einen Stuhl und setzen Sie sich hier zu uns in die Mitte. Ein bisschen Abwechslung tut uns gut." Die andere Frau nickt zustimmend.

Dann erzählt erst die eine und dann die andere. Beide sind vor fünf Tagen brusterhaltend operiert worden. Glücklicherweise braucht nicht mehr nachoperiert werden, da die Schnittstellen bei der Entfernung des Tumors im gesunden Bereich liegen. Darüber freuen sich beide sehr. Morgen soll es nach Hause gehen. Wenn sie sich ein wenig erholt haben, kommt für eine von ihnen die Chemotherapie, für die andere die Strahlentherapie. Das belaste beide schon. Aber jetzt seien sie erst einmal froh, dass die OP hinter ihnen liege. An den nächsten Behandlungsabschnitt möchten sie noch nicht denken. Beide freuen sich, dass sie einander kennengelernt haben und sie wollen auch in Kontakt bleiben.

Ich erzähle ihnen ein wenig vom Patientenseminar „Schritt für Schritt", das in einer Woche beginne, und lade sie herzlich dazu ein. Sie sind begeistert und füllen gleich eine Anmeldung aus. Die Themen, die behandelt werden, interessieren sie. Wir sprechen noch eine Weile und dann verabschieden wir uns.

Gespräch 3

Ich bin an diesem Vormittag mit einer Patientin an der Krankenhauspforte verabredet. Wir gehen, weil so schönes Wetter draußen ist, in den Garten des Klinikgeländes und suchen uns eine Bank, wo wir ungestört miteinander ins Gespräch kommen können. Frau S. kommt schnell zu dem, was sie sehr beschäftigt. Sie hat gestern die Mitteilung von der Ärztin erhalten, dass die rechte Brust komplett abgenommen werden muss. Das belastet sie sehr. Sie kann es einfach nicht fassen. Sie sei doch erst 45 Jahre alt. Die Hoffnung auf eine neue Partnerschaft könne sie vergessen. Welcher Mann wolle schon eine Frau mit einer Brust. Klar, man habe ihr gesagt, dass ein Brustaufbau möglich sei, aber das würde dauern bis es möglich wäre. Und dann sei ja noch ihre minderjährige, 14-jährige Tochter da, wie solle sie ihr all das erklären?

Nach einer Weile des Schweigens schaut mich Frau S. fragend an.

Ich denke im Stillen: „Ja das ist eine schwierige Situation, die jeden Einzelnen von uns herausfordern würde. Die Brust, einen Teil des eigenen Körpers, herzugeben, dem Tod vorzeitig preiszugeben, das ist bitter. Aber was wäre die Alternative? Metastasen und schließlich der Tod?" So traurig es ist, Frau S. muss sich damit abfinden und diese Chance der Heilung ergreifen. Frau S. weiß dies alles.

Um sie langsam auf den Abschied von ihrer Brust vorzubereiten, frage ich sie: „Können Sie sich noch daran erinnern, als Sie ein junges Mädchen waren und langsam merkten, dass Ihre Brüste zu wachsen begannen? An den ersten BH, den ersten Bikini, wie war es mit den Jungen? Waren Sie stolz auf Ihre Brüste, wie haben Sie sich als junge Frau gefühlt? Und wie war es, als Sie das erste Mal Ihre Tochter gestillt haben?"

Frau S. teilt ihre Erinnerungen mit mir, hin und wieder gibt es ein Lächeln auf ihrem Gesicht. Sie ist erstaunt über den Weg, den sie mit ihrer Brust gegangen ist. Umso mehr schmerzt der bevorstehende Verlust.

„Frau S., können Sie sich vorstellen, dass Sie sich am Abend vor der OP Ihre kranke Brust mit dieser Rosencreme (ich gebe ihr eine kleine Tube) einreiben, sie streicheln, ihr damit noch einmal etwas Gutes tun, danke sagen für all das Schöne, was Sie mit ihr erlebt haben und sich letztendlich von ihr verabschieden? Ich weiß, ich mute Ihnen viel zu, aber es wird Ihnen helfen."

Sie nickt und wir gehen langsam zum Krankenhaus zurück. Ich wünsche ihr alles Gute und verspreche, in den kommenden Tagen nach ihr zu schauen.

Einige Tage später nach der OP besuche ich Frau S. auf der Station. Sie erzählt mir, dass sie sich am Vortag der OP nach dem Duschen von ihrer Brust tränenreich verabschiedet hat. Im Rückblick gesehen habe ihr der bewusste Abschied gutgetan. Nun heiße es nach vorne zu schauen.

4. DAS SEMINAR „SCHRITT FÜR SCHRITT"

Eine erste Orientierung
für Frauen, die an Krebs erkrankt sind

4.1 Kennenlernen

Das Seminar „Schritt für Schritt" ist eine erste Orientie-
rungshilfe für Frauen, die an Krebs erkrankt sind. Sieben
Nachmittage, jeweils im Wochenabstand. Die Teilneh-
merzahl ist auf maximal acht Frauen begrenzt. Ein ruhig
gelegener Raum ist entsprechend vorbereitet. Der Tisch
ist hübsch gedeckt, Kaffee, Tee, Wasser stehen bereit,
ebenso Kuchen und etwas zum Naschen. In der Mitte
stehen Rosen in einer Vase, daneben liegen Namensschil-
der, die die Teilnehmer dann selbst ausfüllen können. Die
Tür steht offen und ich bin sehr gespannt. Nun können
die Frauen kommen. Kurz nach 15.00 Uhr sind alle Teilnehmenden da. Die Anspannung und die Nervosität sind
deutlich zu spüren. Die Jüngste ist Mitte 30 und die Äl-
teste 72. Jede Teilnehmerin sucht sich selbst ihren Platz
aus.

In der ersten Stunde geht es darum, dass wir uns alle ein wenig kennenlernen und miteinander vertraut werden. Nachdem alle sitzen und sich mit Getränken und Kuchen versorgt haben, heiße ich die Teilnehmerinnen herzlich willkommen. Ich erzähle ein wenig zu meiner Person; beschreibe den Ablauf des Seminars und den des heutigen Nachmittags und beantworte schon einmal die ersten Fragen.

Dann lade ich dazu ein, dass jede Teilnehmerin – auf einem kleinen Nachbartisch – sich einen Gegenstand aussucht, mit dem sie etwas Persönliches von sich und von ihrer Erkrankung erzählt. Das könnte z. B. eine Muschel sein, die mit der Aussage verknüpft ist, dass man gerne an der See Urlaub macht und Muscheln sammelt. Oder ein Buch mit dem Hinweis „Ich lese gerne" etc.

Mit Blick auf die Erkrankung ist es für alle gut zu wissen, wo jede Teilnehmerin sich gerade befindet, sei es in der Chemo- oder in der Bestrahlungstherapie. Wichtig ist mir dabei, dass jede Teilnehmerin gut auf sich achtgibt und nur so viel von sich preisgibt, wie es für sie gut ist und dass sie gerne wiederkommt. Wichtig ist, dass alle sich beteiligen. Denn nur so kann ein Gruppengefühl entstehen.

Danach lade ich zu einer schriftlichen Aufgabe ein. Dazu werden grüne und rote Zettel verteilt. Auf den grünen steht: Was erwarte ich vom Seminar? Auf den roten steht: Was darf nicht passieren? Alle Antworten werden im Anschluss von den Teilnehmerinnen selbst vorgelesen. Das ist wichtig, einerseits um zu veranschaulichen, dass alle zum Gelingen des Seminars beitragen können und sich auch dafür verantwortlich fühlen. Andererseits sehe ich als Leitung, was gewünscht wird und kann entsprechend intervenieren.

Von meiner Seite gibt's dann auch noch zwei Spielregeln:

1. Sich bei mir abzumelden, wenn einmal die Teilnahme nicht möglich ist aufgrund von Unwohlsein.

2. Alles, was im Seminar an persönlichen Dingen besprochen wird, bleibt in der Gruppe, fällt sozusagen unter die Schweigepflicht.

Was darf nicht passieren?

„Ich möchte nicht, dass ich meinen Optimismus verliere bzw. es mich runterreißt, wenn andere Seminarteilnehmer negativ eingestellt sind und verzweifeln."

Ich möchte nicht weinen.

Ich möchte keine Horrorgeschichten hören.

Ich möchte bestimmen, was ich von mir erzähle.

Im weiteren Verlauf lade ich zu einer kleinen geleiteten Achtsamkeitsübung im Sitzen ein. In der Übung geht es darum, sich auf den Atem zu konzentrieren, sich mit beiden Füßen zu erden und sich durch den ganzen Körper – vom Kopf bis zu den Füßen – zu spüren und wahrzunehmen. Welche Spannungen und Empfindungen erfahren wir dabei? Gibt es Gedanken und Gefühle? Am Ende der Übung lade ich ein, sich wieder nach außen hin zu konzentrieren und sich ein wenig zu recken und strecken.

Zu Beginn der Achtsamkeitsübung weise ich darauf hin, wenn es für eine Teilnehmerin unangenehm wird, kann sie jederzeit einfach aussteigen und ggf. solange den Raum verlassen. Der kurze Austausch im Anschluss zeigt jedoch immer wieder, dass die Teilnehmerinnen die Übung als angenehm empfinden.

Nach einer kleinen Pause erzähle ich die Geschichte vom Wundertütchen, die mir eine Freundin vor langer Zeit einmal erzählt hat und die sehr passend für den heutigen Nachmittag ist.

Zwei junge Frauen haben sich zum Mittagessen in der Stadt verabredet. Schnell kommen sie miteinander ins Gespräch. Die eine Frau erzählt, dass sie oft traurig sei, wenn sie über ihr Leben nachdenke. In ihrem Leben passiere nichts Schönes, stattdessen herrsche trister Alltag, sie habe viele Verpflichtungen, jede Menge Arbeit und Sorgen. Das mache sie halt traurig. Daraufhin greift die andere junge Frau in ihre Handtasche und holt einen Briefumschlag mit einem Regenbogen hervor. „Schau mal, was du hier alles drin findest. Viele schöne Erinnerungen, Bilder, Ansichtskarten, Briefe, Eintrittskarten zum Theater und vieles mehr. Wenn ich traurig bin, dann nehme ich mir meine Wundertüte und schaue mir alles an. Ich erinnere mich an all das Schöne, was ich erlebt habe, und freue mich auf das, was noch kommen wird. Dann werde ich wieder froh und bekomme gute Laune! Das solltest du auch mal versuchen." Nach einer Weile verabschieden sie sich voneinander. Am nächsten Morgen findet die Frau, die so oft traurig ist, einen Briefumschlag auf der Bank vor ihrer Haustür. Sie öffnet ihn und findet darin einen lieben Gruß von ihrer Freundin: „Wie schön, dass es dich gibt!"

Das Wundertütchen

Danach verteile ich Briefumschläge verbunden mit der Bitte, dieses Tütchen bis zum Ende des Seminars jedes Mal mitzubringen und in den kommenden Wochen „schöne Dinge" zu sammeln und sich somit einen kleinen Schatz anzulegen. Das können kleine Zettel, Bilder, Notizen und vieles mehr sein.

Zum Abschluss gibt es eine kleine Feedbackrunde über diesen ersten Nachmittag des Seminars. Hier erfahre ich Rückmeldung mithilfe von Fragen wie: „Wie geht es mir?", „Was hat mir gefallen/nicht gefallen?" Auch Kritik hat hier einen Platz.

Zu guter Letzt gibt es noch Informationen zu dem nächsten Treffen und ich bitte jede Teilnehmerin, sich „ihre Rose" mitzunehmen. Sie soll die Patientin zuhause daran erinnern, dass sie jetzt Teil dieser Seminargruppe ist und dass es nächste Woche weitergehen wird. Schritt für Schritt.

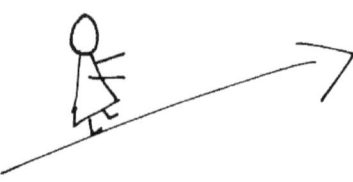

4.2 Medizinische Fragen

Heute ist eine Ärztin der Frauenklinik im Seminar. Die Teilnehmerinnen haben die Möglichkeit – außerhalb der ärztlichen Sprechstunde und Therapiebehandlung –, mit der Ärztin ins Gespräch zu kommen. Sie können ihre Gedanken und Fragen äußern. Deshalb ist auch kein bestimmtes Thema vorgegeben. Ich selbst moderiere das Gespräch.

Auch diesmal – wie auch die nächsten Male – ist der Kaffeetisch gedeckt und ein Strauß Rosen steht in der Mitte. Bevor es losgeht, lade ich die Teilnehmerinnen zu einem kurzen Feedback ein: „Wie war die vergangene Woche, ist noch etwas vom letzten Treffen offengeblieben und was haben sie ins Wundertütchen hineingelegt?" Das ist immer wieder spannend, weil es Teilnehmerinnen gibt, die sehr viel hineinlegen können und andere wiederum nichts. Das liegt meist daran, dass wir alle unterschiedlich bewerten, was schön und wichtig ist. Ich kann mich an eine Teilnehmerin erinnern, deren Tütchen anfangs leer war. Und als sie den Inhalt der anderen sah, sagte sie: „Unerwartete Post habe ich auch erhalten, ja darüber habe ich mich sehr gefreut. Daran habe ich gar nicht gedacht, ich hatte es schon wieder vergessen."

Je nach Zusammensetzung der Gruppen kommen verschiedene Themen an diesem Nachmittag zur Sprache:

- Die unterschiedlichen Krankheitsverläufe

- Die verschiedenen Therapien

- Studien; wann kommt man in eine Studie und wann nicht, welche Studien gibt es aktuell überhaupt, wie funktioniert eine Studie?

- Komplementärmedizin

- Wie verhalte ich mich richtig während der Chemo- und Strahlentherapie (Sauna, Fahrradfahren, Gartenarbeit, Sport, Belastung etc.)

- Mögliche Ursachen für die Entstehung von Krebserkrankungen und Metastasen

- Ausblick nach der Therapie

- Hormontherapien (Wirkung und Nebenwirkung)

- Behandlung und Nebenwirkungen von Medikamenten

- und vieles mehr

Am Ende der Seminarstunde gibt es eine kurze Feedbackrunde und den Ausblick auf die kommende Woche.

Seminarraum

4.3 Soziales

Im Seminar ist heute Nachmittag die Sozialarbeiterin da. Sie wird einen Überblick über die wichtigsten öffentlichen Unterstützungsmöglichkeiten geben. Dabei werden die unterschiedlichen Lebenssituationen und die jeweiligen Bedürfnisse der Teilnehmerinnen beachtet. Doch bevor wir beginnen, machen wir eine kleine Feedbackrunde von der vergangenen Woche: „Wie geht es mir, wie war die Woche und der Blick ins Wundertütchen." Der letzte Nachmittag hat allen – trotz der medizinischen Themen – sehr gutgetan. In einem „geschützten Raum der Gruppe" mit der Ärztin in Augenhöhe ins Gespräch zu kommen, ist einfacher als in der Sprechstunde. Darin sind sich alle einig.

Da einige Teilnehmerinnen die Sozialarbeiterin noch nicht kennen, stelle ich sie kurz vor und moderiere wieder das Gespräch.

An diesem Nachmittag geht es um:

- ‣ Wie beantrage ich einen Schwerbehindertenausweis, was ist auszufüllen, was ist dabei zu beachten, seine Bedeutung etc. Wer möchte, kann den Antrag eines Schwerbehindertenausweises gleich mitnehmen.

- ‣ Leistungen der Krankenversicherung, wie z. B. Krankengeld, Informationen über Zuzahlungsbefreiungen, Fahrtkostenerstattung, Haushaltshilfen, Heil- und Hilfsmittel

Bücher zum Ausleihen und Informationsmaterial

- Anschlussheilbehandlungen und onkologische Rehabilitationsmaßnahmen

- Informationen über Selbsthilfegruppen und Beratungsstellen am Wohnort

- Praktische Hilfen im Umgang mit Behörden, Versicherungen und Ämtern

- Hilfen in finanziellen Notlagen

- Hilfen für unversorgte Angehörige und Kinder

- Wiedereingliederung am Arbeitsplatz

- Diverses Infomaterial

Am Ende der Seminarrunde gibt es keine offenen Fragen mehr. Wie immer folgen eine kurze Feedbackrunde und der Ausblick auf die nächste Woche.

4.4 Kosmetik

Der vierte Nachmittag des Seminars wird von einer Kosmetikerin gestaltet. Durch die Chemotherapie verlieren fast alle Patientinnen ihren natürlichen Haarschmuck. Durch den Verlust der Kopfhaare, der Augenbrauen und Wimpern fühlen sich viele Frauen unattraktiv, nackt und farblos. Durch ein gutes und dezentes Makeup lässt sich der Verlust neben einer guten Perücke gut kaschieren und gibt dem Gesicht natürliche Konturen. Das Selbstwertgefühl wird dadurch gestärkt, was sich wiederum auf die gesamte körperliche wie psychische Befindlichkeit auswirkt. Im Rahmen des Seminars haben wir uns bewusst für Naturprodukte entschieden, weil wir von vielen Patientinnen erfahren haben, dass sie über die Chemotherapie hinaus nicht noch zusätzliche Gifte, wie sie z. B. in Kosmetika enthalten sind, über die Haut aufnehmen wollen.

Die Teilnehmerinnen sind in froher Erwartung. Ich stelle die Kosmetikerin vor und lade zur gewohnten Runde ein: Feedbackrunde und der Blick ins Wundertütchen. Dann geht es los.

Schwerpunkte sind

▸ Allgemeine Informationen über Kosmetika und deren Inhaltsstoffe

▸ Naturkosmetika

- Wirkungsweisen der verschiedenen Körperöle, z. B. Lavendel zur Beruhigung, Rosenöl zum Verwöhnen, Rosmarinöl zur Vitalisierung etc.

- Jede Teilnehmerin erhält eine kleine individuelle Beratung und eine praktische Anleitung für ihr Makeup, wie z. B. das Nachziehen von Augenbrauen, Anwendung von Eyeliner oder Kajal etc.

- Das Binden von Turbanen mit bunten Tüchern aus verschiedenen Materialien gehört auch dazu.

Die Zeit vergeht recht schnell. Am Ende unserer Seminarstunde gibt es eine kurze Feedbackrunde über den heutigen Nachmittag und den Ausblick auf die nächste Woche. Für mich als Gruppenleiterin ist es schön zu beobachten, wie vertraut die Teilnehmerinnen schon jetzt miteinander umgehen.

4.5 Ernährung

Dieses Mal treffen wir uns in einer kleinen Küche auf dem Gelände des Krankenhauses. Gemeinsam werden wir mit einer Diätassistentin der Klinik kochen. Es geht los mit einer kurzen Feedbackrunde, die Auskunft darüber gibt, wie es den Teilnehmerinnen heute geht und es gibt natürlich den Blick ins Wundertütchen. Eine Teilnehmerin hat schon eine „kleine Schatztruhe". Heute gibt es grundlegende Informationen über eine gesunde Ernährung, die mittels der Ernährungspyramide der Deutschen Gesellschaft für Ernährung (DGE) deutlich gemacht werden. Ebenso stehen die Vielfalt und die Bedeutung der sekundären Pflanzenstoffe, die wichtigsten

Lieferanten von Omega-3-Fettsäuren, die Nährstoffe von Eiweiß, Kohlehydraten und Fetten, Mineralien und Vitaminen auf dem Plan.

Weitere Themen sind die Begleiterscheinungen der Chemotherapie; was kann man gegen Appetitlosigkeit, Übelkeit, Erbrechen oder Durchfall, Gewichtsverlust; Schleimhautentzündungen mit Blick auf die Ernährung etc. tun und wie damit umgehen?

Nach gut einer Stunde erfahren die Teilnehmerinnen, was heute auf dem Küchenplan steht: Vorspeise, Suppe, zwei Hauptgerichte und Nachtisch. Da alle acht Teilnehmerinnen da sind, gibt es vier Zweiergruppen. Die Rezepte werden ausgeteilt und die Gruppen bekommen ihren Arbeitsplatz zugewiesen. Nun kann es losgehen. Unsere Diätassistentin steht hilfsbereit daneben.

Ich decke derweil festlich den Tisch. Nach einer weiteren Stunde ist das Essen fertig. Alle sind begeistert und freuen sich auf das leckere Essen. In Gemeinschaft schmeckt es einfach besser.

Zu guter Letzt werden noch eine Menge einfacher Rezepte verteilt, ein kurzes Feedback und der Blick auf die nächste Seminarstunde runden den Nachmittag nach drei Stunden ab.

4.6 Umgang mit der Angst

Am vorletzten Nachmittag ist eine Ärztin der Psychosomatik im Seminar. Nach der gewohnten Runde geht es schwerpunktmäßig um das Thema Angst. Folgende Aspekte werden dabei bedacht:

- Was geschieht im Körper, wenn die Angst kommt und geht? Stichwort: Amygdala

- Die positiven und negativen Aspekte der Angst

- Unterschied: Angst – Panik

- Unterschiedliche Bewältigungsstrategien

- Wie kann ich mit der Angst umgehen?

- Erste Hilfe: Kleine Atemübung, die bei Angst hilft

- Geführte Entspannungsübung

- Wichtig auch der Aspekt im „Hier und Jetzt" bleiben

- Infos über psychologische Angebote, Hilfen und Therapien

Ein interessanter Nachmittag geht zu Ende. Zum Abschluss eine Feedbackrunde und der Ausblick auf die letzte Seminarstunde.

4.7 Seelsorge

Die letzte Seminarstunde beginnt mit dem Blick in das Wundertütchen und der Feedbackrunde.

Danach lade ich alle zu einer geführten Fantasiereise ein. Die Reise führt zum eigenen Lebensbaum, der näher betrachtet werden soll. Dazu gehören: der Stamm, die Größe der Krone, die verzweigten Äste und Blätter. Dieser Baum hat schon so manchen Sturm überstanden, den ein oder anderen Ast verloren. Dennoch steht er majestätisch, fest verankert mit seinen Wurzeln im Erdreich. Schaut man genauer hin, so kann man viele verschiedene Früchte entdecken, neue Knospen und Blüten sind im Werden.

Mit diesem Bild des eigenen Lebensbaumes beende ich die Fantasiereise. Auf dem Tisch liegen weißes Papier in unterschiedlichen Größen, Wachskreide, Filzstifte und Buntstifte. Die Teilnehmerinnen sind eingeladen, ihren Lebensbaum zu malen. Das könnte ein Ausschnitt vom Lebensbaum, die Krone, die Früchte, die Wurzeln, vielleicht auch der ganze Lebensbaum sein. Jeder darf es frei entscheiden. Damit jeder bei sich in den kommenden 45 Minuten ist, läuft im Hintergrund leise instrumentale Musik. Fünf Minuten vor Ende melde ich mich mit dem Hinweis, dass die Zeit abläuft.

Danach werden alle Bilder an den Rand des Tisches gelegt, sodass man einmal um den Tisch herumgehen kann, um sich alle Bilder anzuschauen. Still betrachten wir erst einmal die Bilder. In einem nächsten Schritt frage ich jede Teilnehmerin, ob sie etwas über ihr Bild erzählen und ob sie ein Feedback von der Gruppe hören möchte. Alle erklären sich dazu bereit. Am Ende unserer kleinen Ausstellung sind alle begeistert und stolz über die kleine Ausstellung.

Nach einer kleinen Pause geht es weiter und wir schauen auf den zurückgelegten Weg im Seminar. Die Teilnehmerinnen sind erstaunt, dass sie nun offener über ihre Erkrankung sprechen können und wie gut es tut und wie wichtig es ist, etwas für sich selbst zu tun.

Die folgenden Feedbacks stammen von den Teilnehmerinnen selbst:

- *Es war hilfreich, Erfahrungen anderer auf direktem Weg zu bekommen.*

- *Ich habe gelernt, mit meiner Angst fertig zu werden und wieder Hoffnung zu haben!*

- *Es gab mir den ersten Halt!*

- *Ich habe gemerkt, dass es anderen noch schlechter ging als mir. Es wurden ehrliche, offene Gespräche geführt.*

- *Ich fühlte mich ernst genommen und konnte dadurch wieder neuen Mut schöpfen.*

- Ich habe mich verstanden gefühlt ohne viele Worte.

- Es tut mir gut, nicht allein zu sein mit meinem Schicksal.

- Im Austausch zu sein mit Betroffenen.

- Zusammen weinen und lachen können

- Geborgenheit, dass ich erfahre, ich bin mit meinen Problemen nicht allein.

- Weil ich nur von Betroffenen wirklich verstanden werde.

- Den „geschützten" Raum zu erfahren.

- Sich darauf freuen mit Betroffenen liebevollen Kontakt zu haben.

- Meine Seele wurde gestreichelt!

Zusammenfassend lässt sich sagen, dass die Teilnehmerinnen durch das Seminar „Schritt für Schritt" wichtige Impulse bekommen. Sie machen die Erfahrung, dass sie die Krebserkrankung und Therapie mit allen Nebenwirkungen zwar erleiden müssen, dass sie aber ihre gegenwärtige Lebenssituation aktiv mitgestalten können und dürfen. Das ist ein erster Schritt, um mit dem Krebs zu leben, um wieder festen Boden unter die Füße zu bekommen.

5. GESPRÄCHSKREIS „MITEINANDER STARK SEIN"

Nach den ersten Seminaren haben die Teilnehmerinnen schnell den Wunsch geäußert, sich weiterhin zu treffen. So dauerte es nicht lange und der Gesprächskreis *„Miteinander stark sein"* wurde ein fester Bestandteil des onkologischen Angebots vonseiten der Seelsorge. Zweimal im Monat – am Montagnachmittag von 15.00 Uhr bis 17.00 Uhr – sind betroffene Frauen eingeladen, am Gesprächskreis teilzunehmen. Dort ist Gelegenheit, bei Kaffee, Tee und Kuchen miteinander ins Gespräch zu kommen, Erfahrungen auszutauschen, einander Mut zu machen, Stärkung zu erfahren und Impulse zur Krankheitsbewältigung zu erhalten. Das geschieht auf vielfältige Weise, z. B. über Fantasiereisen, das Herstellen einer Collage, das Betrachten eines Textes und vieles mehr.

Zu Beginn und am Ende des Gesprächskreises sind alle eingeladen, kurz mitzuteilen, wie es ihnen geht, wie die letzten zwei Wochen erlebt wurden, ob es ein Anliegen gibt etc.

Nicht allen Teilnehmerinnen fällt es leicht, sich zu äußern. Und so ermutige ich immer wieder dazu, damit keiner „draußen" bleibt. Darüber hinaus ist es mir wichtig, dass der Gesprächskreis nicht nur eine Kaffeerunde ist, sondern dass die Teilnehmerinnen gestärkt werden und Impulse erhalten, die ihnen helfen, mit der Erkrankung zu leben und sie zu bewältigen.

Nach der Einleitungsrunde entscheide ich meist spontan das Thema des Nachmittags, ob wir eher ins Gespräch über das „Mitgebrachte" der Teilnehmerinnen kommen oder ob es thematisch weitergeht.

Themen vonseiten der Teilnehmerinnen

Hier einige Beispiele:

Ich werde mit dem Verlust meiner Brust nicht fertig. Ich kann mich nicht ansehen; ich kann mich nicht mehr meinem Mann zeigen; ich bin keine richtige Frau mehr; ich bin total verstümmelt und schäme mich; sollte ich einen Brustaufbau machen lassen? Ich spiele mit dem Gedanken, mir ein schönes Tattoo auf die amputierte Seite tätowieren zu lassen; habt ihr schon mal etwas von den Amazonen gehört? Es gibt einen Bildband, in dem sich brustamputierte Frauen als Amazonen fotografieren lassen etc.

Diese und ähnliche Aussagen zeigen, wie existenziell der Verlust einer oder beider Brüste erlebt wird. Hinzu kommen die körperlichen Beschwerden der Therapie, ebenso das veränderte Körpergefühl. Der Körper ist nicht mehr im Gleichgewicht und es kommt zu Fehlhaltungen und Verspannungen. Darüber hinaus gibt es oftmals große Ängste vor den nächsten Kontrolluntersuchungen. Was einmal möglich gewesen ist, kann sich jederzeit wiederholen.

Je nach Therapieplan, ob die Brustabnahme vor oder nach der Chemotherapie geplant ist und ich einen guten Kontakt zu der Patientin habe, empfehle ich, dass sie sich im schönsten Bikinioberteil/BH fotografieren lassen soll, um damit eine Erinnerung an ihre Brüste zu haben und ihr Erscheinungsbild. Manche Patientinnen sind auch offen für einen Gipsabdruck, der sie daran erinnert, wie groß ihre Brust gewesen ist. Dieser Abdruck kann künstlerisch gestaltet werden. Wenn möglich, ermutige ich die Patientinnen, den Ehepartner einzubeziehen. Das hilft für die Zeit nach der OP und darüber hinaus.

Hilfreich ist es ebenso, ein Sanitätshaus anzusprechen und in den Gesprächskreis einzuladen. Mit viel Einfühlungsvermögen und Anschauungsmaterial vonseiten einer Mitarbeiterin des Sanitätshauses lässt sich viel für die betroffenen Frauen erreichen und das Wohlbefinden steigern.

Gemeinsame Besuche von Vorträgen z. B. über Komplementärmedizin oder eine Beratungseinrichtung sind ebenfalls sinnvoll.

Themenbeispiele vonseiten der Seelsorge

Der Bruch im Leben

Auf dem Tisch liegen viele Kalenderblätter, leere Blätter, Scheren, Kleber und Buntstifte. Die Aufgabe lautet: Ein Bild herzustellen, dass den Bruch, die Erkrankung im Leben markiert. Das heißt, die Teilnehmerinnen suchen sich ein Motiv aus, zerschneiden oder zerreißen es und gestalten ein neues Bild.

‣ Eine Teilnehmerin hat das Bild mit den Lilien von van Gogh gewählt, es mehrmals zerschnitten und die einzelnen Teile weit auseinander auf ein größeres Blatt Papier geklebt. Mit Bleistiftstrichen verbindet sie die Risse. Sie selbst sagt, *dass es die vielen Brüche in ihrem Leben sind. Ich will leben und alles soll wieder heil werden.*

‣ Eine Teilnehmerin sucht sich das Bild mit einem kleinen Hafen aus. Die Boote sind vorne abgeschnitten und versetzt. Drum herum hat sie eine harmonische, heile Welt gemalt. Ihr Wunsch *alles soll gut werden.*

‣ Eine Teilnehmerin hat einen Ausschnitt von einem blühenden Rhododendron aufs Papier geklebt und malt dazu die Wurzeln und die Erde. Darin sollen die Wurzeln Halt finden. Die Sonne rechts oben im Bild soll helfen.

- Eine vierte Teilnehmerin hat einen halben Tisch ausgeschnitten und aufgeklebt. Der Tisch wird erweitert. Sie malt dazu ein aufgeschlagenes Buch. Es trägt den Titel „Buch des Lebens". Daneben liegt griffbereit ihre Brille und ein Strauß Blumen ebenso. *Ich will leben!*

Die weiteren zehn Bilder zeigen ähnliche Motive. Es ist etwas kaputtgegangen und der Wunsch nach Heilung ist groß und zeigt erste Hinweise, wie es gelingen könnte.

Für sich sorgen

In Zweiergruppen können sich die Teilnehmenden eine halbe Stunde über das nebenstehende Bild und seine Botschaft austauschen. „Ich kann gut für andere sorgen, wenn ich zunächst für mich selbst sorge."

Mögliche Fragen: Wem helfe ich täglich, was sind meine Aufgaben? Sorge ich auch für mich? Was tut mir gut? Was hilft mir?

Danach sammeln wir alle Ergebnisse und tauschen uns in der großen Runde aus. Das ist interessant, da alle einen unterschiedlichen Blickwinkel haben. So können wir voneinander lernen.

Ich kann gut für andere sorgen, wenn ich zunächst für mich selbst sorge.

Befindlichkeit

Jede Teilnehmerin erhält einen Luftballon und hat mit einem schwarzen Edding ein Gesicht darauf zu malen, das das augenblickliche Gefühl zeigt, wie z. B. etc. Danach gibt es eine Aufteilung in Dreiergruppen verbunden mit der Aufgabe, dass jeder von sich erzählt. Zuhören und darauf achten, dass jeder drankommt. Zeit insgesamt: 45 Minuten.

Danach lese ich eine kleine Begebenheit vor, die sich vor über 100 Jahren in Paris zugetragen haben soll. Der Dichter Rainer Maria Rilke (1875–1926) ist mit einer Französin unterwegs und sie kommen um die Mittagszeit an einem Patz vorbei, wo eine Bettlerin sitzt.

Auch wenn ihr jemand eine Münze schenkt, schaut sie nicht hoch und bedankt sich. Eines Tages sagt Rilke, dass man ihrem Herzen schenken müsse. Am nächsten Tag hat er eine Rose für die Bettlerin dabei und schenkt sie ihr. Daraufhin schaut sie den Dichter an, erhebt sich, küsst ihm die Hand und geht fort. Es dauert eine Woche, dann sitzt sie wieder an ihrem Platz. Verwundert fragt die Französin, wovon hat die Bettlerin die ganze Zeit gelebt? Rilke antwortet daraufhin: von der Rose.

Im darauffolgenden Gespräch wird deutlich, wie wichtig es ist, wertschätzend und achtsam miteinander umzugehen.

Weitere Beispiele

- ▸ Biografie der Freude: Die Aufgabe besteht darin, in Jahresabschnitten die schönsten Erinnerungen aufzuschreiben. Dadurch wird vieles wachgerufen, das Freude hervorruft. Austausch in der Gruppe. Immer wieder das Erstaunen darüber, wie viel Gutes und Schönes im Leben trotz der Krebserkrankung geschehen ist und jetzt neu wiederentdeckt wird.

- Je nach Jahreszeit gibt es von Zeit zu Zeit einen Bastelnachmittag. Gemeinsam und miteinander kreativ zu sein, stärkt und macht einfach Freude.

- Fantasiereisen, Atemübungen, Achtsamkeitsübungen

- Entdeckungsspaziergänge

- Angeleitete Handmassage mit duftendem Rosenöl und meditativer Musik

- Musikalischer Nachmittag „Heilsames Singen" mit der Kantorin

- Impulsgeschichten, Mandala malen und vieles mehr

- Eigene Perspektiven bewusst verändern

Gemeinschaftsarbeit des Gesprächskreises
„Miteinander stark sein"

Feedbacks der Teilnehmerinnen zum Gesprächskreis „Miteinander stark sein"

- *Dass man wieder leben lernt.*

- *Weil es mir guttut! Bringt mir Selbstvertrauen und Entspannung vom Alltag.*

- *Man lernt viele nette Menschen kennen und wird ausgeglichener.*

- *Gibt Kraft bis zum nächsten Treffen.*

- *Mit der neuen Lebenssituation umzugehen lernen.*

- *Das Zusammentreffen mit den Freunden gibt uns aufs Neue Freude, Kraft und auch einen regen Gedankenaustausch.*

- *Dieser Tag in der Woche ist für mich ein richtiger Freudentag. Es sind im Laufe der Zeit Freundschaften entstanden.*

- *Mein erster Frauen-Café-Klatsch!*

- *Gespräche mit netten Menschen, die meine Probleme kennen und verstehen.*

- *Dieser Tag ist sehr wichtig, da er Kraft gibt. Gelassenheit, die Woche mit Freude zu leben!*

▸ *Meinem Mann ist es wichtig, dass ich zum Gesprächs-kreis gehe. Er sagt: „Dann geht es dir wieder gut und du bist fröhlich."*

▸ *Meine Freundinnen sagen mir, ich sei verrückt in solch eine Gruppe zu gehen. Sie können sich einfach nicht vorstellen, dass wir lachen und viel Spaß haben.*

6. ONKO-CAFÉ

Im Juni 2008 eröffnen mein katholischer Kollege und ich erstmals das Onko-Café.

Jeden zweiten Donnerstag im Monat von 10.00 Uhr bis 13.00 Uhr ist der Tisch mit Kaffee, Tee, Brötchen, Butter, Marmelade, Honig, Aufschnitt, Obst und Gemüse einladend gedeckt.

Unser Anliegen besteht darin, dass Patientinnen der onkologischen Tagesklinik die Gelegenheit haben, mit uns direkt und persönlich Kontakt aufzunehmen. Zum Frühstück bedarf es keinerlei Anmeldung und während der Öffnungszeit kann jeder kommen und gehen, wann sie/er möchte. Nicht wenige Patientinnen kommen von außerhalb bzw. haben einen längeren Anfahrtsweg, wenn sie zur Blutkontrolle vor der nächsten Chemotherapie oder zum Gespräch und zur Untersuchung ins Krankenhaus kommen. Oftmals werden sie von Angehörigen gefahren. Im Onko-Café können sich Patientinnen und Angehörige stärken, mit uns ins Gespräch kommen und nach Bedarf Informationen und Tipps erhalten. Z. B. über unsere seelsorgerlichen Angebote, Adressen von der Niedersächsischen Krebshilfe, vom K-Punkt, von der Frauenselbsthilfe nach Krebs etc.

Anmerkung

Mein Kollege und ich decken selbst den Tisch und besorgen auch alle Lebensmittel fürs Frühstück und räumen später auch alles wieder weg. Dank einer Geschirrspülmaschine ist alles schnell getan. Das gilt auch für den Gesprächskreis und das Seminar. Die Teilnehmerinnen sind immer sehr erstaunt darüber und genießen es, dass sie von uns verwöhnt werden. Denn in der Regel sind es die Frauen, Mütter, die andere versorgen und sich um alles kümmern. So haben wir ganz bewusst mal einen anderen Akzent gesetzt.

7. WORKSHOP „MALEN"

Durch einen Zufall lerne ich 2011 eine Malerin und Künstlerin aus Hannover kennen. Wir kommen schnell miteinander ins Gespräch und sie erzählt mir, dass sie gerne mit Patientinnen malen würde. Ich sage daraufhin: „Nichts einfacher als das." So besprechen wir gleich die ersten Einzelheiten und einige Wochen später sind wir schon mittendrin. Etwa 15 Frauen zwischen 35 und 75 Jahren, onkologische Patientinnen der Klinik, melden sich an. Eine Malgruppe, die sich jede zweite Woche trifft, soll es werden. Ziel: einfach malen, sich eine Auszeit von der Krankheit nehmen, den Kopf frei bekommen, sich ausprobieren, etwas Neues lernen und Spaß miteinander haben.

Der Workshop ist durchgehend gut besucht und wird ein Erfolg. Anfangs bringen alle ihre Malutensilien mit, später gibt es einen Großeinkauf.

Mit Einfühlungsvermögen bringt uns die Künstlerin die Farblehre bei. Sie zeigt uns, wie Farben gemischt werden und lässt uns experimentieren. Eines Tages liegt ein großes Stück Packpapier mitten auf dem Tisch. Ein Projekt der gesamten Gruppe beginnt. Damit später das Original gelingt, gibt es eine Übungseinheit vorab. Das Bild wird den Namen tragen: „Jahreszeiten".

Wir beginnen mit kleinen Strichmännchen, die mit Kohlestiften aufgezeichnet werden. Danach werden sie mit Pinsel und Farben ausgemalt und angezogen. Von Zeit zu

Zeit gehen wir ein Stück im Kreis weiter, damit alle an allen Ecken und Seiten mitgearbeitet haben. Es macht Spaß und alle sind mit Freude dabei. Am Ende der Stunde ist von einigen Teilnehmenden in der gewohnten Feedbackrunde zu hören: „Es hat so viel Spaß gemacht und ich bin erstaunt, was wir geschafft haben; ich bin entspannt und habe gar nicht an den Krebs gedacht; die Gemeinschaft hat mir gutgetan und die Gespräche."

An einem der nächsten Nachmittage liegt die Leinwand auf dem Tisch und los geht's. Arbeitsablauf wie gewohnt: erst die Strichmännchen, später mit Farbe ausmalen.

Eine Teilnehmerin der Gruppe

*„In der Malgruppe konnten wir mal **abschalten**. Umgeben von Menschen, die all das selbst kennen, wie es einem von Tag zu Tag unterschiedlich geht: schnell erschöpft von der Chemo, unwohl fühlend mit Perücke oder Tuch, Schmerzen nach OP, empfindliche Haut, kribbelnde Finger, mal ängstlich, mal gereizt, mal fröstelnd und dann wieder fit und gut drauf – eine Achterbahnfahrt der Gefühle und Befindlichkeiten. Da half es sehr, sich einfach mal nur mit Malen zu beschäftigen."* C.H.

Das Bild „Jahreszeiten" ist einige Wochen später fertig und wir alle sind überrascht, wie gut es geworden ist. Feierlich wird es im Februar 2012 von der Malgruppe an die Station übergeben. Viele Jahre hängt es dort und macht onkologischen Patientinnen Mut und lädt sie in den Workshop „Malen" ein. Je nach Jahreszeit wird das Bild entsprechend gedreht.

„Jahreszeiten: Frühling, Sommer, Herbst, Winter"

Anmerkung

Heute hängt das Bild im Uhlhorn-Hospiz, Diakovere
in Hannover

Der Malbegeisterung sind keine Grenzen gesetzt. Es entstehen immer mehr Bilder und es entsteht die Idee, dass wir die Bilder ausstellen wollen im Bereich der onkologischen Tagesklinik, um anderen Patientinnen Mut zu machen. Die Idee wird gut aufgenommen von der Klinik.

Mit einer kleinen Vernissage wird die Ausstellung eröffnet und ist ein Erfolg. In den darauffolgenden Jahren entstehen viele kleine und große Bilder, einige der Teilnehmenden verabschieden sich nach beendeter Therapie, andere dagegen kommen neu dazu. Allen gemeinsam ist, dass sie mit Staunen entdecken, wie kreativ sie sind und, dass die Malerei ein gutes Mittel ist, den Kopf frei zu bekommen.

Gemeinschaftsarbeit

8. WORKSHOP „MEDITATIVES TANZEN"

Ebenfalls durch einen Zufall lerne ich eine Tanzleiterin aus Celle kennen. Wir kommen miteinander ins Gespräch und sie erzählt mir, wie wohltuend das meditative Tanzen sei. Neugierig geworden lade ich sie ein und bald darauf tanzen wir mit onkologischen Patientinnen zusammen. Es sind Kreistänze mit meditativer Musikuntermalung, die leicht einprägsam und strukturiert sind. Durch die Wiederholung von einfachen Schritten und Bewegungen wirken sie wohltuend und entspannend. Einer davon heißt: „Mut bereite dir den Weg …", der das Überwinden von Hindernissen zum Thema hat.

Die Resonanz der Teilnehmenden ist durchweg positiv. Für einige ist es anfangs etwas schwierig – aufgrund der Chemotherapie –, sich auf die Schrittfolge zu konzentrieren, aber durch den Kreistanz wiederum recht einfach, da sich alle in dieselbe Richtung bewegen und sozusagen von den anderen mitgenommen werden. Auch das gleichmäßige Heben und Senken der Arme tut gut und trägt dazu bei, dass der Oberkörper nach einer Brustoperation leicht gedehnt wird. Damit sich keine der Frauen überanstrengt, gibt es Pausen und eine kleine Erfrischung.

9. WORKSHOP „SPIRITUALITÄT"

Der Workshop „Spiritualität" ist aus dem Wunsch von Patientinnen heraus entstanden, miteinander über existenzielle Fragen des Lebens ins Gespräch zu kommen.

Von Anfang an ist dieser Workshop gut besucht. Im Laufe der Zeit wächst das Vertrauen zueinander und es geht z. B. um Fragen wie:

- Was ist das Leben?

- Was ist der Sinn meines Lebens?

- Wie kann ich meinen Glauben stärken, worauf kommt es jetzt an?

- Wie kann ich Halt, Hoffnung und Zuversicht finden angesichts der Krebserkrankung?

- Was kommt nach dem Tod?

- Gibt es überhaupt einen Gott und wenn ja, wie ist das mit der Gerechtigkeit Gottes auf dieser Welt?

- Warum lässt Gott das Leid zu (Theodizeefrage)?

Auf unterschiedliche Weise mithilfe von Texten kommen wir ins Gespräch. In der Regel habe ich immer einiges zur Auswahl und mache das Thema der jeweiligen Stunde von der Allgemeinbefindlichkeit der Gruppe abhängig. Bevor wir beginnen, lade ich alle ein zu erzählen, wie es ihnen momentan geht, ob jemand etwas mitgebracht hat oder worüber heute gesprochen werden sollte. Ist dies nicht der Fall, dann schlage ich etwas vor. Auch zum Ende des Workshops lade ich immer wieder ein zu einem kurzen Feedback, wie z. B.: „Was nehme ich heute mit?", „Was hat mir gut oder gar nicht gefallen?" etc. Und noch etwas ist mir wichtig, es gibt kein „Falsch" oder „Richtig". Alles, was gesagt wird, ist in Ordnung.

Perlen des Glaubens

Die „Perlen des Glaubens" sind vom schwedischen Bischof Martin Lönnebo zum Beten und Meditieren entwickelt worden. Es wird erzählt, dass er in den 90er Jahren von einem Sturm auf einer griechischen Insel überrascht wurde und nicht weiterreisen konnte. Er beobachtete die Fischer im Hafen, wie sie kleine Perlenarmbänder in den Händen hin und her bewegten. So kam ihm die Idee zu dem Armband. Zurück in Schweden setzte er seine Idee um und benutzte das Perlenband zum Beten. Von dort gelangte es einige Jahre später nach Deutschland und ist heute käuflich zu erwerben inklusive Anleitung und Texten in vielen Geschäften und im Online-Handel.

Zur Anschauung habe ich mein Perlenarmband in den Workshop mitgebracht und lasse es herumgehen. Die 18 Perlen sind unterschiedlich in ihrer Farbe, Form und Größe. Jede Perle hat eine Bedeutung, kann für eine Lebensfrage stehen, einen Gedanken oder ein Gebet. So gibt es z. B. die goldfarbene Gottesperle, die weiße Ich-Perle, die schwarze Perle der Nacht, die beigefarbene Wüstenperle und viele weitere. Wenn die Teilnehmenden sich für eine Perle entschieden haben, lese ich einen passenden Meditationstext zur Perle vor. Bevor wir ins

Gespräch und zum Austausch kommen, gibt es einen Moment der Stille.

In der Zeit danach beobachte ich, dass sich viele Teilnehmerinnen ein Perlenarmband besorgt haben und es gerne tragen.*

---

* Auf der Website perlensuche.com/perlen-des-glaubens zu finden

Was ist das Leben?

Es gibt ein wunderbares Märchen aus Schweden. Es heißt „Was ist das Leben?" und ist ein guter Einstieg, um miteinander über das Leben ins Gespräch zu kommen und darüber nachzudenken. Je nach Lebenssituation findet man sich in den Antworten der Geschichte wieder oder aber die Antwort ist eine ganz andere. Spannend und interessant zugleich.

Die Geschichte spielt im Wald um die Mittagszeit. Es ist ein schöner Sommertag. Alles ruht, bis ein kleiner Buchfink fragt: „Was ist eigentlich das Leben?" Eine schwierige Frage für alle, die sie hören. Eine Heckenrose, die z. B. gerade ihre Knospen entfaltet, sagt: „Das Leben ist Entwicklung." Ein Schmetterling flüstert: „Das Leben ist Freude und Sonnenschein." Der Maulwurf dagegen brummt: „Das Leben ist ein Kampf im Dunkeln." So kommen im Laufe der Geschichte viele unterschiedliche Antworten zusammen. Dann wird es Nacht und es wird still im Wald.

Als der neue Tag anbricht, hören sie die Morgenröte: *„Wie ich, die Morgenröte, der Beginn des neuen Tages bin, so ist das Leben der Anbruch der Ewigkeit."*

© Bundesamt Sankt Georg e. V.; aus Sinndeuter 4, S. 71; Georgs – Verlag, Neuss-Holzheim, 2. Auflage 2003

Was wird aus uns?

Es gibt eine kleine tradierte Weisheitsgeschichte, die dem niederländischen Theologen und Priester Henri J. M. Nouwen zugeschrieben wird. Darin wird sinngemäß erzählt, dass ein Zwillingspärchen im Leib einer Mutter heranwächst. Der Junge und das Mädchen freuen sich über ihr Leben und sind glücklich. Sie wachsen und haben alles, was sie zum Leben brauchen. Nach einigen Monaten spüren sie aber, dass sich etwas verändert. Sie haben nicht mehr so viel Platz zur Verfügung wie anfangs. Sie ahnen, dass sie den geschützten Raum bald verlassen müssen. Sie kommen darüber ins Gespräch. Der Junge befürchtet, dass ihr Leben zu Ende gehen könnte und ist sehr traurig darüber und zieht sich innerlich zurück. Das Mädchen ist davon überzeugt, dass das Leben einen Sinn hat und alles gut wird. Die Geburt kommt langsam näher und als das Zwillingspärchen geboren wird und sie ihre vertraute Umgebung verlassen müssen, sind sie überrascht von dem, was kommt. Sie liegen wohlbehütet in den Armen ihrer Mutter.*

Was wird aus uns, wenn wir die Erfahrung machen, dass sich unser Leben grundlegend verändern wird? Wenn die Kräfte nachlassen und die Krankheit den eigenen Körper zerstört? Können wir das Vertrauen aufbringen, dass alles gut wird? Oder aber verzweifeln und klagen

---

* Auf der Website hospiz- fulda.de/downloads/Zwillinge_im_Mutterleib.pdf zu finden

wir? Was trägt in dunklen Zeiten? Welche Hoffnungs-
bilder haben wir zur Verfügung? Von wem wurden wir
geprägt – von unseren Eltern, Großeltern, vom Glauben, von guten oder schlechten Erfahrungen? Das sind
existenzielle Fragen. Es lohnt sich, all dem nachzu-
gehen.

Biblische Hoffnungsbilder

Im Alten wie im Neuen Testament gibt es viele Hoffnungs- und Glaubensgeschichten von Menschen, die davon erzählen, wie Gott sich immer wieder aufs Neue um uns Menschen bemüht und für uns da sein möchte, im Leben wie im Tod und darüber hinaus. Im bekannten Psalm 23 ist Gott selbst der gute Hirte, der für sein Volk/ für mich/für uns da ist und sorgt, auch wenn vielerlei Gefahren drohen. Gott selbst führt uns alle heim.

Psalm 23

Der Herr ist mein Hirte, mir wird nichts mangeln.
Er weidet mich auf einer grünen Aue
und führet mich zum frischen Wasser.
Er erquicket meine Seele.
Er führet mich auf rechter Straße
um seines Namens willen.
Und ob ich schon wanderte im finstern Tal,
fürchte ich kein Unglück; denn du bist bei mir,
dein Stecken und Stab trösten mich.
Du bereitest vor mir einen Tisch
im Angesicht meiner Feinde.
Du salbest mein Haupt mit Öl
und schenkest mir voll ein.
Gutes und Barmherzigkeit werden
mir folgen mein Leben lang, und ich
werde bleiben im Hause des Herrn immerdar.

Psalm 23, Lutherbibel, revidiert 1984, durchgesehene Ausgabe, © 1999 Deutsche Bibelgesellschaft, Stuttgart

Gedichte und Märchen

Eine unerschöpfliche Quelle sind Gedichte und Märchen. Dort sind alle Themen des menschlichen Lebens zu finden. Zu allen Zeiten sind Menschen existenziellen Fragen nachgegangen, um Antworten zu finden.

Ein Beispiel hierfür ist das Gedicht „Stufen" von Hermann Hesse, das er 1941 nach langer Krankheit schrieb. Darin beschreibt er das Leben als fortlaufenden Prozess, in dem jeder Lebensabschnitt von der Kindheit bis zum Alter durchlebt werden muss. *

In dem Märchen „Der Tod und der Gänsehirt" von Janosch fragt der Tod den Gänsehirten, ob er denn keine Angst vor ihm habe. Daraufhin antwortet der Gänsehirt, dass er oft über den Fluss geschaut habe. Er sei bereit, ihm zu folgen und habe keine Angst vor ihm.**

Ein weiteres Beispiel ist der Brief von Rainer Maria Rilke an einen jungen Dichter, in dem er schreibt, dass man die Fragen liebhaben muss und eines Tages in die Antworten hineinwachsen wird. Er schreibt:

---

* Auf der Website lyrikline.org/de/gedichte/stufen-5494 zu finden.
** Auf der Website georg-metzger-hoffnungszeichen.de zu finden

ÜBER DIE GEDULD

„Man muss den Dingen
die eigene, stille
ungestörte Entwicklung lassen,
die tief von innen kommt
und durch nichts gedrängt
oder beschleunigt werden kann,
alles ist austragen – und
dann gebären …

Reifen wie der Baum,
der seine Säfte nicht drängt
und getrost in den Stürmen
des Frühlings steht,
ohne Angst,
dass dahinter kein Sommer
kommen könnte.

Er kommt doch!
Aber er kommt nur zu den Geduldigen,
die da sind, als ob die Ewigkeit
vor ihnen läge,
so sorglos, still und weit …

Man muss Geduld haben.
Mit dem Ungelösten im Herzen,
und versuchen, die Fragen
selber lieb zu haben,
wie verschlossene Stuben,
und wie Bücher,
die in einer sehr fremden Sprache
geschrieben sind.

Es handelt sich darum, alles zu leben.
Wenn man die Fragen lebt,
lebt man vielleicht allmählich,
ohne es zu merken,
eines fremden Tages
in die Antworten hinein."

Rainer Maria Rilke

10. OASENTAGE

Ein- bis zweimal im Jahr gibt es einen „Oasentag", der von 10.00 Uhr bis 16.00 Uhr mit unterschiedlichen Themen angeboten wird, wie z. B.:

- ‣ „Seelenvogel" von Michael Snunit und Na'ama Golomb

- ‣ „Sonnengesang" vom heiligen Franziskus

- ‣ „Geh aus, mein Herz und suche Freud"
  von Paul Gerhardt

- Blütenträume – Balsam für die Seele

- „Erweise dich als Schale und nicht als Kanal"
  von Bernhard von Clairvaux

- Dankbarkeit

Immer geht es darum, die Teilnehmerinnen zu stärken und ihnen Impulse zur Krankheitsbewältigung mit auf den Weg zu geben, um achtsam und selbstbestimmt den eigenen Weg gehen zu können.

Die Teilnehmerinnen melden sich verbindlich an, sodass wir alles gut vorbereiten können.

Das folgende Beispiel gibt einen kleinen Einblick, wie die Oasentage verlaufen.

Der Besuch in der Oase

10.00 Uhr   Ankommen

Lasten ablegen bei den Kamelen

Reinigung an der Quelle

Sich erfrischen mit Köstlichkeiten aus der Oase:
Datteln, Feigen, Nüsse, Aprikosen,

frisches Quellwasser, Orangensaft

Oasengeschichte: Die wundersame Erfüllung
eines Traums, ein Märchen aus Tausendundeiner
Nacht

11.30 Uhr	Rundgang in der Oase
	Einladung zu einer neuen Erfahrung: Sich trauen, sich anvertrauen.
13.00 Uhr	Mittagessen in der Oase
14.00 Uhr	Anfertigen einer Collage zum Thema: „Meine Träume"
	anschließend Austausch
15.15 Uhr	Kaffeetrinken, Feedbackrunde
16.00 Uhr	Verabschiedung mit einem Segenswort

Liebe Teilnehmerinnen des Oasentages,

seien Sie alle herzlich willkommen hier in der Oase!

Ein schöner Tag liegt vor uns. Alles ist vorbereitet! Es scheint sogar die Sonne. Petrus hat es gut mit uns gemeint.

Von Oasen – so denke ich – hat jeder seine eigenen Vorstellungen. Viele von uns werden eine Sandwüste vor Augen haben, mittendrin eine grüne Oase mit erfrischendem Quellwasser, Dattelpalmen, Kamele, blauem Himmel, kurzum ein kleines Paradies. Vielleicht solch eins, wie wir es hier in Miniaturform auf dem Tisch zu stehen haben. Oasen sind Orte, wo sich Reisende, Wanderer und Besucher erfrischen und stärken können, um sich dann später mit neuer Energie wieder auf den Weg machen zu können. Oasen in unserem Leben, das sind Familie, Freunde, Feste, Urlaube und vieles mehr.

Der Begriff „Oase" kommt von den alten Ägyptern und ist eines der wenigen Worte, das den Weg in unsere Sprache gefunden hat. In einer alten Legende im Orient erzählt man sich: Als Allah den Menschen erschaffen hatte, blieben zwei Tonklumpen übrig. Aus diesen formte er die Dattelpalme und das Kamel.

Außerhalb von Oasen sind Wüsten oft in vielerlei Gestalt zu finden. Gemeinsam ist allen Wüsten aber, dass das Leben dort hart, anstrengend und ungemütlich ist. Auch die Zeit der Krankheit, so wie Sie es zurzeit erleben, ist eine Wüstenzeit, die mit viel Anstrengungen und Mühen verbunden ist. Gerade der Weg durch die Chemotherapie mit all den unangenehmen Nebenwirkungen ist ein steiniger

Weg durch allerlei Gefahren und hat viele von Ihnen an die Grenze Ihrer Möglichkeiten geführt, selbst die Antihormontherapie hat ja ihre Tücken.

Wie gut, das es Oasen gibt, wo man einfach mal alle Lasten ablegen kann und sich über das Schöne mit allen Sinnen erfreuen kann. Das wollen wir heute in dieser Gemeinschaft in der Oase einfach tun! Ich wünsche uns allen einen schönen Aufenthalt!

Wunderbare Erfüllung eines Traumes

Man erzählt ferner, ein sehr begüterter Mann aus Bagdad verlor sein ganzes Vermögen und hatte viele Mühe, sich sein tägliches Brot zu erwerben. Eines Nachts, als er sich in trauriger Stimmung niederlegte, erschien ihm im Traum jemand, der ihm sagte: »Du wirst deinen Lebensunterhalt in Kahirah finden, reise dahin.« Der Mann machte sich des Morgens auf und trat seine Reise nach Kahirah an. Da er des Abends daselbst ankam, ging er in eine Moschee und schlief darin. In derselben Nacht drangen Diebe von der Moschee aus in ein daran stoßendes Haus, um es zu bestehlen. Aber die Bewohner dieses Hauses erwachten und machten Lärm. Die Polizei kam herbei, und die Diebe entflohen wieder durch die Moschee. Als der Polizeioberste in die Moschee kam und den Mann aus Bagdad fand, den er für einen der Diebe hielt, ergriff er ihn, ließ ihn fast totprügeln und ins Gefängnis werfen.

Nach drei Tagen wurde er vor den Polizeiobersten geführt, der ihn fragte, woher er stamme und was er in Kahirah tue. Er antwortete: „Ich wohne in Bagdad und bin hierhergekommen, weil mir jemand im Traum gesagt, ich werde hier meinen Lebensunterhalt finden; nun fand ich aber nichts als die Prügel, die du mir erteilen ließest." Der Polizeioberste lachte so herzlich, dass er alle seine Zähne zeigte, und sagte: „Du dreifach unverständiger Mensch, mir ist jemand im Traum erschienen, der mir sagte: ‚In dem Stadtviertel N. N. in Bagdad ist ein Haus, das so und so aussieht, in dessen Hof ist ein Gärtchen, mit einem Pistazienbaum; dort ist Geld begraben, das von einem Verbrechen herrührt. Geh hin und nimm es!' Und doch bin ich hiergeblieben, und du törichter Mensch machst eine solche Reise wegen eines eitlen Traumes." Er gab ihm dann einige Drachmen und sagte ihm: „Suche damit deine Rückkehr anzutreten." Der Mann nahm das Geld und kehrte damit nach Bagdad zurück, ging in sein Haus, welches kein anderes war als das vom Polizeiobersten von Kahirah beschriebene, ließ unter dem Baum aufgraben und fand so viel Geld darunter, dass er wieder reicher war als zuvor.

Der Urlaub an der See

Nach dem Mittagessen und einem kleinen Spaziergang im Garten sind alle aufgefordert, ihren kleinen Traum zu gestalten. Einige gestalten ihren Traum in einem Schuhkarton, andere dagegen auf Papier. Es wird gemalt, geklebt und ausgeschnitten. Überrascht und stolz stellen alle Teilnehmerinnen im Anschluss „ihre Träume" vor.

Das Hotelzimmer am Urlaubsort

Die Fahrradtour

Mein Traum

Diese Collage ist auch im Rahmen des Oasentages entstanden. Als Leiterin habe ich einfach spontan mitgemacht. Dies ist das Ergebnis.

Auf dem Bild ist ein herrschaftliches Haus zu sehen. Umgeben ist es von herrlich blühenden Blumen in vielerlei Farben. Oben rechts sind Kornähren zu sehen, die Frucht tragen. Und oben auf dem Dach – wenn Sie genauer hinschauen – sind zwei Fahnen zu entdecken. Eine trägt das Mandala des Gesprächskreises und die andere das Strichmännchen des Seminars „Schritt für Schritt". Zeichen dafür, dass dieses Haus ein „Haus des Lebens" sein soll. Ein Haus, wo an Krebs erkrankte Menschen ein- und ausgehen können, wann immer es für sie notwendig ist, wenn die Angst und die Unruhe überhandnehmen, am Tag und in der Nacht. Ein Haus, wo ausreichend Hilfe und Unterstützung zu finden ist. Ein Haus, wo Gemeinschaft, Trost und Geborgenheit zu erfahren sind. Ein Haus, wo es viele verschiedene Angebote für Leib und Seele gibt.

Solch ein „Haus des Lebens" kostet natürlich eine Menge Geld. Dafür steht die Zapfsäule, die immer so viel an Energie und Sprit liefern möge, damit dieses Haus lebendig bleibt und Frucht bringt. Sonne und Regen gehören zum Leben, aber ein kräftiger Wind vertreibt alle dunklen Wolken.

Und deshalb ist es gut, Träume zu haben und daran zu arbeiten!

Vielleicht mag der eine oder die andere von Ihnen mitträumen und vielleicht eines Tages, ja vielleicht begegnen wir uns im „Haus des Lebens", im Haus der Diakonie!

Mit herzlichen Grüßen Ihre Gabriele Oest

11. FESTE IM JAHRESKREIS

Dreimal im Jahr laden mein katholischer Kollege und ich zu Andachten ein. Eingeladen sind alle Teilnehmenden und Mitarbeitende aus den unterschiedlichen onkologischen Gruppen, Patientinnen von der onkologischen Tagesklinik, der Station und alle, die sich angesprochen fühlen.

11.1 Mariä Lichtmess

Mariä Lichtmess – auch Darstellung des Herrn genannt – wird am 2. Februar eines jeden Jahres gefeiert. Mit diesem Festtag, das etwa im 7. Jh. nach Christus in Rom eingeführt wurde, endet offiziell die Weihnachtszeit. In früheren Zeiten blieb der geschmückte Tannenbaum bis zum 2. Februar stehen, erst dann wurde er abgeschmückt. Der Hintergrund von Mariä Lichtmess lässt sich auf die alttestamentliche Vorschrift zurückführen, dass Frauen nach der Geburt eines Sohnes für 40 Tage als unrein galten und den Tempel nicht betreten durften. Erst durch ein Opfer wurden sie wieder rein. Da jeder Erstgeborene Eigentum Gottes war, musste er entsprechend den Vorschriften im Tempel „dargestellt" werden. Meist waren es zwei junge Tauben. Erst sehr viel später kam der Name „Lichtmess" hinzu. An diesem Tag wurden die Kerzen für das Jahr geweiht. Das Licht symbolisiert Christus. Die mit nach Hause genommenen Kerzen wurden beim Gebet und in Zeiten von Krankheit und Not angezündet.

So steht auch die Lichtsymbolik im Mittelpunkt der Andacht. Sie leitet sich direkt vom Lukasevangelium ab. Dort nennt der greise Simeon das Kind *„ein Licht, das die Heiden erleuchtet"** *(Lk. 2,32a)* Das Licht steht für Christus. ER ist Grund und Hoffnung, warum wir Weihnachten feiern.

Einige Frauen aus dem Gesprächskreis bereiten die Andacht mit vor, manchmal mit eigenen Texten und Fürbitten, die sie dann auch selbst vorlesen.

Im Anschluss der Abendandacht stehen im hinteren Bereich der Kirche heißer Punsch, Tee, Schmalzbrote, Stollen und Weihnachtskekse bereit. Alle sind eingeladen zum gemütlichen (weihnachtlichen) Beisammensein.

„Und der Engel sprach zu ihnen: Fürchtet euch nicht!
Siehe, ich verkündige euch große Freude, die allem Volk
widerfahren wird; denn euch ist heute der Heiland geboren,
welcher ist Christus, der Herr, in der Stadt Davids."*

*   Lk. 2,10.11.32a Lutherbibel, revidiert 1984, durchgesehene Ausgabe, © 1999 Deutsche Bibelgesellschaft, Stuttgart

11.2 Johannistag

Der *Johannistag* wird am 24. Juni gefeiert und erinnert an die Geburt von Johannes dem Täufer. In jenen Tagen findet man Johannes am Jordan. Er lebt asketisch, trägt ein Gewand aus Kamelhaaren, mit einem ledernen Gürtel um die Lenden. Seine Nahrung – so sagt man – bestehe aus Heuschrecken und wildem Honig. Mit ausgebreiteten Armen und kräftiger Stimme predigt Johannes das Wort Gottes. Er ruft zur Buße und zur Umkehr auf. Nennt die Sünden beim Namen und tauft viele Menschen im Jordan. Es ist die Taufe zur Vergebung der Sünden. Er wird nicht müde, immer wieder aufs Neue zu verkünden: „Es kommt einer nach mir, der ist stärker als ich; und ich bin nicht wert, dass ich mich vor ihm bücke und die Riemen seiner Schuhe löse. Ich taufe euch mit Wasser, aber er wird euch mit Heiligem Geist taufen" (siehe dazu Markus 1). Damit verweist er auf Christus. Von allen Seiten kommen die Menschen, um sich taufen zu lassen.

Die Nacht vom 23. auf den 24. Juni ist die kürzeste Nacht des Jahres und steht in engem Zusammenhang mit der Sommersonnenwende. Viel Brauchtum rankt sich um diesen Festtag herum, wie z. B. das Ende der Spargelzeit, die Johannisfeuer oder das Kräutersammeln.

Diesmal treffen wir uns zur Andacht draußen – mitten in der Natur – an der Weidenkirche im Mittelfeld, Hannover. Das Thema der diesjährigen Andacht ist das Lied von Paul Gerhardt (1607–1676) *„Geh aus mein Herz und su-*

che Freud", das er 1656 schreibt. Es ist in allen Kirchenge-sangbüchern zu finden. Wir singen alle 15 Strophen mit kleinen Unterbrechungen und spüren einerseits den Ge-danken von Paul Gerhardt nach, andererseits überlegen wir, was sie für uns heute bedeuten können. Danach gibt es gleich nebenan ein „Picknick im Grünen". Alle haben daran mitgewirkt und wir lassen den Abend gemütlich ausklingen.

Geh aus mein Herz und suche Freud in dieser schönen Sommerzeit an deines Gottes Gaben, schau an der schönen Gärtenzier und siehe, wie sie mir und dir sich ausgeschmücket haben.

Die Bäume stehen voller Laub, das Erdreich decket seinen Staub mit einem grünen Kleide; Narzissus und die Tulipan, die ziehen sich viel schöner an, als Salomonis Seide.

Paul Gerhardt

11.3 Weihnachtsfeier

Die *Weihnachtsfeier* findet Anfang Dezember im großen Speisesaal statt. Die Tische sind adventlich gedeckt. Wir beginnen mit einer kleinen Andacht und werden musikalisch vom Posaunenchor der St.-Petri-Gemeinde in Kleefeld begleitet.

Im weiteren Verlauf lassen es sich alle gutgehen mit Kuchen, Adventsgebäck, Kaffee und Tee. Von einigen Teilnehmenden werden kleine Geschichten, Gedichte vorgetragen, zwischendurch immer mal wieder ein Lied gesungen. Manchmal gibt es eine kleine Tombola mit gespendeten, selbstgemalten Bildern aus der Malgruppe, der Erlös kommt der Gruppe für neues Malmaterial zugute. Manchmal kommt auch der Nikolaus zu Besuch und jeder erhält einen kleinen Gruß. Weiterhin gibt es Informationen über die verschiedenen Gruppen und vieles mehr.

„Machet die Tore weit und die Türen in der Welt hoch,
dass der König der Ehre einziehe!
Wer ist der König der Ehre?
Es ist der Herr, stark und mächtig, der Herr, mächtig im Streit.
Machet die Tore weit und die Türen in der Welt hoch,
dass der König der Ehre einziehe!
Wer ist der König der Ehre?
Es ist der Herr Zebaoth; er ist der König der Ehre. SELA."*

---

* Psalm 24,7–10, Lutherbibel, revidiert 1984, durchgesehene Ausgabe, © 1999 Deutsche Bibelgesellschaft, Stuttgart

Eine Arbeit aus dem Workshop „Malen"

12. PATIENTENFREIZEIT

Die Zeit der Chemotherapie wird von vielen Patientinnen als belastend und kräftezehrend erlebt. Nach Gesprächen mit der onkologischen Ärztin, die sich bereit erklärt, die Freizeit mit zu gestalten und dabei zu sein, wollen wir dieser Patientengruppe eine „Auszeit" ermöglichen, um sie zu stärken. Die Evangelische Heimvolkshochschule in Rehburg-Loccum zeigt sich als geeigneter Ort. Alle Teilnehmerinnen haben ein barrierefreies Einzelzimmer mit Bad, der Gruppenraum liegt zentral. Ganz in der Nähe liegt das Steinhuder Meer und das Kloster Loccum. Nachdem die Kostenübernahme geklärt und alles vorbereitet ist, kann es losgehen. An einem Donnerstagnachmittag starten wir für 4 Tage mit 13 Patientinnen vom Krankenhaus mit einem Bus in Richtung Steinhuder Meer.

Der Tagesablauf setzt sich aus unterschiedlichen Angeboten zusammen, wie z. B. Atemtherapie und heilsames Singen, Morgenimpuls in der Kapelle, Fantasiereise mit anschließendem kreativen Gestalten (den eigenen Lebensbaum malen), Märchenabend am brennenden Kaminfeuer, Spieleabend, Besuch des Klosters Loccum und Ausflug zum Steinhuder Meer. Falls es einer Teilnehmerin zu viel wird, darf sie sich jederzeit in ihr Zimmer zurückziehen und sich ausruhen.

Aus dem Feedback der Patientinnen

„Ruhe, rundherum einfach schön; gestärkt aus dieser Frei-
zeit herauszugehen; in der ‚Mackengemeinschaft‘ guckt
keiner blöd; wenn eine das Bedürfnis hat, sich zurückzu-
ziehen, dann ist das in Ordnung; meine Krankheit verges-
sen; verwöhnt gefühlt von Anfang bis Ende; leckeres Essen;
Tage wie eine Oase“.

Anmerkung

Als Seelsorgerin war es mir wichtig, eine Ärztin an der Seite zu
haben, um bei eventuell auftretenden Nebenwirkungen der
Chemotherapie schnelle Hilfe zu haben. Das hat den Teilnehmerinnen auch Sicherheit gegeben.

13. WENN DAS LEBEN LANGSAM ZU ENDE GEHT

13.1 Begegnungen

Vier Beispiele von Begegnungen am Ende des Lebens, die überall und zu jeder Zeit stattfinden könnten. Die Namen und Umstände sind verfremdet, sodass die seelsorgerliche Schweigepflicht gewahrt bleibt.

Frau B. ist Mitte 70

Ich besuche Frau B. das erste Mal auf der Station. Wir kommen ins Gespräch und sie erzählt aus ihrem Leben. Plötzlich unterbricht sie sich selbst und sagt: „Mir gehen diese Zeilen nicht mehr aus dem Sinn: Vater lass die Augen dein über meinem Bette sein. Ich komme nicht auf den Anfang. Können sie mir helfen? Ich glaube, es ist ein Kindergebet.“

Mir kommt diese Zeile auch sehr bekannt vor, aber so spontan fällt es mir auch nicht ein. Da ich das Gefühl habe, dass es für Frau B. sehr wichtig ist, verspreche ich, im Büro kurz nachzuschauen und gleich wiederzukommen.

Kurze Zeit später sitze ich wieder an ihrem Bett und sage: „Müde bin ich, geh zur Ruh ....“ und sie fährt fort: „schließe beide Äuglein zu." Während sie es sagt, laufen ihr die Tränen über die Wangen. Sie weint lange, während ich neben ihr sitze und ihre Hand streichle.

Nach einigen Minuten betet sie mit gefalteten Händen weiter: „Vater lass die Augen dein über meinem Bette sein." Und wir beten zusammen weiter: „Hab ich Unrecht heut getan, sieh' es, lieber Gott, nicht an! Deine Gnad' und Jesu Blut machen allen Schaden gut. / Alle, die mir sind verwandt, Gott, lass ruhn in deiner Hand. Alle Menschen groß und klein, sollen dir befohlen sein. / Kranken Herzen sende Ruh, nasse Augen schließe zu, lass den Mond am Himmel steh'n und die stille Welt beseh'n."

Sie atmet tief durch und schaut mich getröstet an. Bevor ich gehe, segne ich sie.

Wenige Tage später verstirbt sie ganz ruhig in der Nacht.

Frau S., Anfang 70

Frau S. liegt auf der Seite und schaut zum Fenster hinaus. Sie lädt mich ein, Platz zu nehmen. Nachdem ich mir einen Stuhl geholt habe, schauen wir beide aus dem Fenster. Sie erzählt mir, was sie im Laufe des Tages alles beobachtet hat: die Eichhörnchen, die vielen verschiedenen Vögel, die Menschen, die vorbeigehen, die fröhlichen Kinder, wie die Natur zum Leben erwacht. Sie freut sich darüber. Dann sagt sie unvermittelt: „Ich habe einen schönen Apfel *geschenkt bekommen und möchte ihn mit Ihnen teilen. Hier sind der Apfel und das Messer und reicht mir beides zu. Bitte machen Sie mir die Freude."*

Im ersten Moment denke ich nein. Doch dann folge ich meinem Impuls und übernehme die Aufgabe, den Apfel zu waschen und aufzuteilen. Ein feierlicher Moment und im Stillen denke ich: Das ist so etwas wie das letzte Abendmahl. Wir essen gemeinsam und sie lächelt mir zu und sagt mit warmer Stimme: „Danke!"

Nach einer Weile verabschiede ich mich, weil ich spüre, wie müde Frau S. geworden ist. Wir werden uns nicht wiedersehen.

Frau N., Anfang 60

Am frühen Abend werde ich von der Station gerufen mit der Bitte, nach Frau N. zu schauen. Sie liegt in einem Einzelzimmer. Nach der Begrüßung und ihrem Einverständnis sitze ich an ihrem Bett.

Sie erzählt mir, dass sie des Nachts nicht schlafen kann und deshalb immer nach draußen schaut und die Sterne zählt. Sie erinnert sich an die Geschichte „Der Kleine Prinz" vom französischen Autor Antoine de Saint-Exupéry. Eines Tages werde ich nicht mehr von hier nach oben schauen, sondern von dort oben nach hier unten.

Spontan kommen mir die Verse aus Psalm 8 in den Sinn, die ich leise ausspreche.

„Wenn ich sehe die Himmel, deiner Finger Werk, den Mond und die Sterne, die du bereitet hast: Was ist der Mensch, dass du seiner gedenkst, und des Menschen Kind, dass du dich seiner annimmst?"*

Leise wiederholt Frau N. die Worte: „Was ist der Mensch, dass du seiner gedenkst?"

Wir schauen uns lange an, ihre Augen sind feucht geworden und ich halte ihre Hand. Ich denke: Es ist alles gesagt.

Dann verabschieden wir uns. Wir beide wissen, sie hat nicht mehr viel Zeit.

Frau W., Ende 60

Frau W. begleite ich schon seit über einem Jahr. Nun liegt sie im Hospiz. Dort besuche ich sie von Zeit zu Zeit. Wir begrüßen uns und sie erzählt mir, wie sich der Tag im Hospiz für sie gestaltet. Und sie spüre, dass ihre Kraft von Tag zu Tag weniger werde. Sie mache sich jetzt schon Gedanken, was auf sie zukomme.

---

* Psalm 8,4.5 Lutherbibel, revidiert 1984, durchgesehene Ausgabe, © 1999 Deutsche Bibelgesellschaft, Stuttgart

Dann kommt mir der Gedanke und ich spreche ihn auch laut aus. „Frau W., könnten Sie sich vorstellen, dass wir das Heilige Abendmahl miteinander feiern, wir alleine oder aber mit Ihrer Familie?"

Dann wird es still. Nach einer langen Zeit sagt sie: „Warum eigentlich nicht?"

Wir verabreden uns für drei Tage später. Frau W. wird mit ihrer Familie sprechen.

Mit ihrer Familie feiern wir gemeinsam in der kleinen Kapelle im Hospiz das Heilige Abendmahl. Zum Anlass dieses Tages sitzt sie festlich angezogen in ihrem Rollstuhl an der Seite ihres Mannes, daneben die beiden Kinder. Nach der Begrüßung ist ein Choral von einer CD zu hören. Frau W. fängt bitterlich an zu weinen und ich befürchte, jetzt müssen wir abbrechen. Doch sie wehrt sich dagegen. Nach einer für uns alle gefühlt langen Zeit setzt sie sich aufrecht hin und sagt in meine Richtung: „Bitte weitermachen." Wir feiern das Heilige Abendmahl, beten, segnen Frau W. für ihren letzten Weg und sprechen einander Gottes Frieden zu. Als wir die Kapelle verlassen, sagt Frau W. „Das war meine zweite Konfirmation und nun wollen wir gemeinsam Kaffee trinken. Es ist alles vorbereitet!"

Nur wenige Tage später tritt sie im Beisein ihrer Familie ihre letzte Reise an.

13.2 Anker – oder ein Ort an dem ich mich festmachen kann

Der Tod gehört wie die Geburt zu unserem menschlichen Leben. Irgendwann endet für uns alle der Lebensweg, oftmals viel zu früh. Dann müssen wir Abschied nehmen, ob wir das möchten oder nicht, und haben einen schwierigen und schmerzhaften Weg vor uns. Aus diesem Grund ist es wichtig, etwas im Leben zu haben, an dem man sich festmachen kann, um Halt zu finden. Im Bild gesprochen, könnte es wie bei einem Schiff der Anker sein. Ein Schiff, das vor „Anker liegt", kann nicht so schnell abgetrieben werden und in Gefahr geraten. Ein Anker könnte der Glaube an Gott – an Jesus Christus – sein, vertraute und liebe Menschen oder vielleicht etwas ganz anderes.

Wie gut und hilfreich es ist, wenn Sterbende in ihrer Not auf etwas zurückgreifen können, wie z. B. auf ein Kindergebet, auf ihre Konfirmation, auf die Natur draußen, auf kirchliche Traditionen wie das Abendmahl, davon zeugen die vorangegangenen vier Begegnungen, die für viele andere Begegnungen stehen. Viele Patientinnen hatten einen Anker, auf den sie zurückgreifen konnten und der ihnen Trost, Hoffnung und Halt in den schweren Stunden ihres Lebens gegeben hat.

Natürlich bin ich auch vielen Patientinnen begegnet, die keine kirchliche Prägung hatten und dem christlichen Glauben skeptisch gegenüberstanden. Aber fast alle hatten ein Gespür dafür oder die Hoffnung, dass es eine (göttliche) Kraft gibt, die über unser menschliches Dasein hinausgeht und alles im Universum zusammenhält.

13.3 Kirchliche Tradition

In der evangelischen Kirche gibt es die Krankensegnung und das Krankenabendmahl, das Patientinnen und ihre Familien zur Stärkung empfangen können, wenn sie es möchten.

Ist jemand verstorben, ist es möglich, danach mit den Angehörigen und dem Klinikpersonal eine kleine Andacht (Aussegnung) am Bett der Verstorbenen zu halten.

Mit einem Gebet, einer Segnung oder einer Abendmahls-
feier wird ein unsichtbarer „heiliger Raum" betreten, der
für alle Anwesenden mehr oder weniger spürbar ist. Das
zeigt sich darin, dass trotz aller Trauer und Ängste im
Angesicht des Todes sich Trost, Zuversicht und Hoffnung
verbreiten mit der Gewissheit: Alles wird gut. Der Blick
der Sterbenden geht oft weit über die Lebensgrenze hinaus.

„Und ich sah einen neuen Himmel und eine neue Erde; denn
der erste Himmel und die erste Erde sind vergangen, und
das Meer ist nicht mehr. Und ich sah die heilige Stadt, das
neue Jerusalem, von Gott aus dem Himmel herabkommen,
bereitet wie eine geschmückte Braut für ihren Mann. Und
ich hörte eine große Stimme von dem Thron her, die sprach:
Siehe da, die Hütte Gottes bei den Menschen! Und er wird
bei ihnen wohnen, und sie werden seine Völker sein, und
er selbst, Gott mit ihnen, wird ihr Gott sein; und Gott wird
abwischen alle Tränen von ihren Augen, und der Tod wird
nicht mehr sein, noch Leid noch Geschrei noch Schmerz wird
mehr sein; denn das Erste ist vergangen."*

* Aus der Offenbarung 21,1–4, Lutherbibel, revidiert 1984, durchgesehene Ausgabe,
© 1999 Deutsche Bibelgesellschaft, Stuttgart

Manchmal bin ich von Patientinnen auch angesprochen worden, ob ich ihre Trauerfeier halten könne. Nach einem langen gemeinsamen Weg habe ich dem oft zugestimmt. Dann haben wir gemeinsam darüber nachgedacht, wie die Trauerfeier gestaltet werden könnte, welche Lieder, Texte und Gebete infrage kommen. Meist sind wir anhand von Bildern den Lebensweg der Betroffenen nachgegangen. Mit einer Menge Notizen meinerseits haben wir uns dann getrennt. Die Patientin in dem Bewusstsein: Das ist geregelt.

14. BILDPREDIGT

Dieses Bild habe ich 2017 gemalt. Es brauchte Zeit herauszufinden, wie ich das Geheimnis Gottes – Menschwerdung, Karfreitag und Ostern – bildlich darstellen wollte.

Der 1. Korintherbrief 13,12 half mir dabei, den der Apostel Paulus geschrieben hat. Etwas abgewandelt heißt es dort: Wir sehen jetzt durch einen Schleier ein Bild; dann aber von Angesicht. Jetzt erkenne ich stückweise, dann aber werde ich alles erkennen, wie es gedacht ist. Ein Schleier liegt auf diesem Bild. Dahinter sind kräftige und bunte Farben zu erkennen, sie erinnern an das verlorene Paradies. Der Regenbogen, der von links unten nach rechts oben verläuft, ein Zeichen für den alten Bund zwischen Gott und Mensch nach der Flutkatastrophe.

Die Geschichte mit Gott und den Menschen geht weiter. Die alte Verheißung des Propheten Jesaja steht plötzlich im Raum, dass ein Reis hervorgehen wird aus dem Stamm Jesaja und Frucht bringen wird. Das Reis umrahmt das Kreuz im Zentrum des Bildes.

Gott wird Mensch, in einem Stall in Bethlehem. Sein Name ist Jesus Christus. Durch IHN und mit IHM wird Gottes Liebe für uns Menschen sichtbar und erfahrbar. Es ist Gottes eigener Weg, um die Menschen zu retten. Der Weg führt ans Kreuz nach Golgatha! Unvorstellbar immer wieder, dass Menschen einander so viel Leid und Schmerzen zufügen können. Gottes Sohn ist tot. Seine letzten Worte: Es ist vollbracht! Schmerz, Trauer, Fassungslosigkeit auf der einen Seite. Triumph, Freude, Genugtuung auf der anderen Seite.

Drei Tage später am Ostermorgen: Jesus Christus ist von den Toten auferstanden! ER ist wahrhaftig auferstanden! Halleluja! Gott hat den Tod überwunden. Dafür steht das goldene Kreuz als Siegeszeichen im Zentrum des Bildes, das Erde und Himmel miteinander verbindet. Die goldene Farbe symbolisiert das Göttliche und zeugt davon, dass Gott Herr über Leben und Tod ist. Wie überwältigend wird es sein, wenn der Schleier einmal fallen wird, wir Gott von Angesicht zu Angesicht gegenüberstehen und dabei erkennen werden, wie alles von IHM gedacht worden ist. In Psalm 126,1b.2 heißt es: *„So werden wir sein, wie die Träumenden. Dann wird unser Mund voll Lachens und unsere Zunge voll Rühmens sein."**

*   Lutherbibel, revidiert 1984, durchgesehene Ausgabe, © 1999 Deutsche Bibel-
    gesellschaft, Stuttgart

Gott segne dich.

Er schenke dir Mut

und das Vertrauen,

dass Gott dich auf deinen Weg

begleitet und hilft.

Hab Vertrauen, sei unbesorgt,

Gott wird bei dir sein

und dich behüten.

Geh deinen Weg in Frieden.

Amen.

DANKE

Ein *herzliches Dankeschön* an alle, die meine Arbeit als Seelsorgerin mit viel Engagement unterstützt haben, ohne sie wäre vieles nicht möglich gewesen.

Ich danke: Sigrid Beddig, Monika Buggenthin, Joachim Döring, Heike Due, meinem katholischen Kollegen Volker Golly, Dr. Angela Kentsch, Claudia Lange, Kantorin Anke-Christina Müller, Brigitte Niemeyer, Sladjana Radosavljevic, Dr. Iris Schrader, Maria Schuett, Christa Shelbaia, Martina Thiessen, Corinna Tonassi, Angela Wiese, Posaunenchor von St. Petri Kleefeld unter der Leitung von Herrn Zeretzke, allen Mitarbeitenden der Frauenklinik und vielen unbekannten Spendern und Spenderinnen der Henriettenstiftung – heute Diakovere.

Ein Dankeschön geht an die Henriettenstiftung und die Altvorsteher Landessuperintendenten a. D. Dieter Zinßer und Volker Milkowski, die meine Arbeit unterstützt und mir die notwendigen Freiräume gegeben haben.

Ein Dankeschön geht an meine Patientinnen, denen ich dieses Buch gewidmet habe. Ohne ihr Vertrauen und ihre Offenheit hätte ich diese Arbeit nicht leisten können.

Zu guter Letzt ein Dankeschön an meinen Mann Dr. Wolfgang Oest und meine Söhne, die mich auf vielfältige Weise unterstützt haben. Dafür bin ich sehr dankbar!

Ostern im März 2024

ZU MEINER PERSON

Gabriele Oest, verheiratet, drei erwachsene Söhne, Krankenschwester, Dipl.-Theologin, Prädikantin der evangelischen Landeskirche Hannover, Klinische Seelsorgeausbildung (KSA), Weiterbildung in Themenzentrierte Interaktionen (TZI), Weiterbildung in Psychoonkologie (WPO), Systemische Beraterin (DGSF), Ethikberaterin (cekib) und weitere Fortbildungen.